珍藏本·增订本
纪念版
汉译世界学术名著丛书

赫克歇尔–俄林贸易理论

〔瑞典〕伊·菲·赫克歇尔
戈特哈德·贝蒂·俄林 著
陈颂 译

商务印书馆
SINCE 1897
The Commercial Press

Eli F. Heckscher and Bertil Ohlin

HECKSCHER-OHLIN TRADE THEORY

汉译世界学术名著丛书
（120 年纪念版·珍藏本）
增订本出版说明

2017 年 10 月，为纪念商务印书馆创立 120 周年，本馆推出“汉译世界学术名著丛书”（120 年纪念版·珍藏本），计七百种。近五六年来，仰赖学界同人倾力支持，订正旧译，增补新译，拓展新著，积累日多。为满足读者需要，本馆在七百种的基础上，继续推出“汉译世界学术名著丛书”（120 年纪念版·珍藏本·增订本）三百种。至此，“汉译世界学术名著丛书”累计出版已达千种。

今后，本馆将继续推进丛书的翻译出版工作，在积累单本名著的基础上陆续分辑刊行，汇印出版。为促进中外文明互鉴、推动我国学术发展，使“汉译世界学术名著丛书”这项对我国学术文化有基本建设意义的重大工程发挥更大作用，诚望海内外学术界、翻译界继续给予支持，帮助我们把这套丛书出得更好。

商务印书馆编辑部

2024 年 2 月

汉译世界学术名著丛书
（120 年纪念版·珍藏本）
出 版 说 明

2017 年 2 月 11 日，商务印书馆迎来 120 岁的生日。120 年前，商务印书馆前贤怀揣文化救国的理想，抱持“昌明教育，开启民智”的使命，立足本土，放眼寰宇，以出版为津梁，沟通中西，为中国、为世界提供最富智慧的思想文化成果。无论世事白云苍狗，潮流左右激荡，甚至战火硝烟弥漫，始终践行学术报国之志，无改初心。

逐译世界各国学术名著，即其一端。早在 20 世纪初年便出版《原富》《天演论》等影响至今的代表性著作，1950 年代后更致力于外国哲学和社会科学经典的译介，及至 1980 年代，辑为“汉译世界学术名著丛书”，汇涓为流，蔚为大观。丛书自 1981 年开始出版，历时三十余年，迄今已推出七百种，是我国现代出版史上规模最大、最为重要的学术翻译工程。

丛书所选之书，立场观点不囿于一派，学科领域不限于一门，皆为文明开启以来，各时代、各国家、各民族的思想与文化精粹，代表着人类已经到达过的精神境界。丛书系统译介世界学术经典，引领时代思想，为本土原创学术的发展提供丰富的文化滋养，为推动中国现代学术和现代化进程做出了突出的贡献。

为纪念商务印书馆成立120周年，我们整体推出“汉译世界学术名著丛书”120年纪念版的珍藏本，寄望既利于文化积累，又便于研读查考，同时向长期支持丛书出版的译者、编者和读者致以敬意。

两甲子后的今天，商务印书馆又站在了一个新的历史时间节点上。我们不仅要铭记先辈的身影和足迹，更须让我们的步伐充满新的时代精神。这是商务人代代相传的事业，更是与国家和民族的命运始终紧密相连的事业。我们责无旁贷，必须做好我们这代人的传承与创造，让我们的努力和成果不仅凝聚成民族文化的记忆，还能成为后来人可以接续的事业。唯此，才能不负前贤，无愧来者。

商务印书馆编辑部

2017年10月

总　目　录

序　　言

保罗·萨缪尔森

对名著的翻译姗姗来迟通常会是令人扫兴且沮丧的。然而，俄林1924年的瑞典文博士论文，如克努特·维克塞尔（Knut Wicksell）[①]的作品一样，却绝对是此类黑暗法则的例外。在其年方25岁时，俄林就基本阐述了其在1933年的巨著《区际贸易与国际贸易》一书中所有的突破性成果。

因此，我们要感谢哈里·弗拉姆（Harry Flam）和琼·弗兰德斯（June Flanders）的翻译工作。对于经济学者的私人藏书而言，这薄薄一册书的意义在于它是赫克歇尔1919年杰作的最新、最完整也最正确的翻译。赫克歇尔这篇论文探讨了区域要素禀赋差异如何影响收入分配并决定地区间的专业化分工模式，同时它也阐述了由此带来的商品流动如何成为要素流动的一种替代，以降低甚至是消除要素价格的地区间差异。

弗拉姆和弗兰德斯向我们揭示了俄林是如何与众不同的。他在25岁的时候就在哥本哈根大学获得教授职位，而且在其21岁

① 维克塞尔（1851—1926）是瑞典学派的创始人，并且对奥地利学派、剑桥学派有着深刻的影响。——译者注

身处德国的时候就已经预见其后续理论的根本。在此之前，早在他 18 岁时，他就对赫克歇尔所持有的“当一棵树的增长率等于利率时就应该被砍伐”的观点提出了反驳。他的这一言论再现了 19 世纪中期马丁·福斯特曼(Martin Faustmann)①和约翰·冯·杜能(Johann Heinrich von Thunen)的观点——土地的机会成本包括早期收成(即使是到了俄林退休的时候我们这代人中的很多人还依旧在重新思考这一点)。在进入熊彼特(Joseph Schumpeter)所称的人生宝贵的第三个十年的时候，通过对凯恩斯有关德国的赔款将会有损该国的贸易条件的观点进行了有说服力的反驳，俄林获得了国际性声誉。作为俄林的战友及对手，冈纳·缪尔达尔(Gunnar Myrdal)②则作为一个令人难堪的角色而闻名。当俄林在 1924 年发表了为他赢得 1977 年诺贝尔经济学奖所需要的几乎所有核心理念时，缪尔达尔的经济学研究才刚刚起步。

在俄林而立之年时，政治生涯使其远离了经济研究的前沿阵地。但在那之前，作为理解和对抗 20 世纪 30 年代大萧条的斯德哥尔摩学派前凯恩斯范式(pre-Keynes approach)的创立者，他的成就居功至伟。而且，在第二次世界大战结束之后，俄林是我所知晓的对过度充分就业(over-full employment)和通货膨胀开展研究的首批经济学家之一。

在对俄林贸易理论的本质开展阐述之前，请允许我介绍一下

① 马丁·福斯特曼是德国林务官，他在 1849 年提出了有名的福斯特曼方程式(Faustmann's formula)。——译者注

② 冈纳·缪尔达尔(1898—1987)是瑞典学派和新制度学派以及发展经济学的主要代表人物之一。——译者注

他作为学者和个体的风范。在有幸得到维克塞尔、赫克歇尔和卡塞尔这三位名师的指点后，他多少有点贬低他的精神导师赫克歇尔和卡塞尔的贡献。他不愿低估其自身的原创性。瑞典国内外的一些批评者认为，斯德哥尔摩学派既可以被看作俄林1937年思想的创造物，也可以被看作对1931—1937年的经济现实的一次客观且试验性的描述。与其说俄林不善于分析，还不如说俄林是直觉敏锐、务实和精炼的：由于本书所收录的1924年的著作是俄林在短短数周内完成的，因而也就不像1933年的著作那般烦琐和冗长。

尽管一直都是自由党的党首，但俄林从没有真正成为国家元首。这可能是由于他太过理性。其对经济科学的损失却换来对瑞典社会而言巨大的政治智慧。我无法判断其对新闻工作极度热情的原动力何在——在当时他撰文的频率几乎是以天计。但是，不论是缪尔达尔还是俄林都信守承诺，即回避他们导师那一代经济学家彼此之间有损于政治争论的私人恩怨。

在赫克歇尔和俄林将要素禀赋与国际贸易理论相结合所做的贡献给予的评论方面，弗拉姆和弗兰德斯已经做得很好了，无须再作补充。世人将这一贡献看作其皇冠上的宝石，这是恰如其分的。我想要强调的是，俄林从赫克歇尔那里所没有获取的东西。我指的是他与戈特弗里德·哈伯勒（Gottfried Haberler）和雅各布·维纳（Jacob Viner）一起，从1815—1920年李嘉图-陶西格范式的劳动成本比较优势理论（labor-cost comparative advantage）到20世纪30年代的一般均衡范式的巨大飞跃过程中所起到的重要作用。阿巴·勒纳、瓦西里·里昂惕夫、詹姆斯·米德、斯托尔帕、莱昂内尔·麦肯齐、罗纳德·约翰以及和我同时代的无数其他人都非常受益于俄林、哈伯勒、维纳三位大师。而且，现如今我们意识到将俄林的主要贡献定位于1933年是多么地具有误导性。

坦率地说，卡塞尔的均衡方程组源自瓦尔拉斯。但是他所沿用的是固定生产系数版本的瓦尔拉斯模型。可能是完全忽略了包含可变生产系数的改进版瓦尔拉斯模型，俄林对卡塞尔的版本进行了归纳以使其可以用于处理H-O的框架，这一善举却遭到了卡塞尔的不满。而事实上俄林在瓦尔拉斯模型中隐含了不止一个国家。科学哲学家托马斯·库恩[①]可能会对第一次世界大战时期的那一代经济学家非常感兴趣，因为这些经济学家尽管已经在封闭状态建模过程中超越了单要素劳动价值论，但依旧深陷于李嘉图的相对优势理论，技术革新的压力逐渐累积。1930年，哈伯勒构建了凹向原点的生产可能性边界以改进劳动为单一要素的方法。在维护陶西格的李嘉图范式过程中，维纳于1931年1月在伦敦经济学院进行的演讲中使用了与希克斯1939年的《价值与资本》一书大体一致的供给-需求图。俄林(1924，1933)的包含相互竞争的n种商品r种生产要素的方程组则是完全一般化的说明(除了没有考察联合产品和既是投入也是产出的商品的分阶段生产)。

早在1924年俄林就已经将赫克歇尔和瓦尔拉斯相融合。但是不论是在当时还是在1933年又或者是在1967年，俄林都没有从一般性问题转向更加强烈且可操作的情形：例如，两种生产要素以及两种或多种商品的情形。这真是太遗憾了。只有等到了我这

① 托马斯·库恩(Thomas Samuel Kuhn，1922—1996)，美国科学史家，科学哲学家，代表作有《哥白尼革命》和《科学革命的结构》。——译者注

一辈人的时候才开始对此展开分析。同时如果他运用图形化方法的话,他本可以第一次真正理解自己的分析。俄林对赫克歇尔作了很大的增补,但是他在一个关键方面不及赫克歇尔,这一点似乎大家都没有意识到。那就是,因为瑞典是一个小国,故而俄林的学生和同事人数都很有限。直到1924年之后的二十多年,我才仔细阅读每一本涵盖俄林的思想及其附录的书籍,这才发现他并不是毫不犯错的完人:在具有差异性要素禀赋的地区无法毫无矛盾地实现完全要素报酬均等。

1990年7月,在纪念哈伯勒先生90岁诞辰时,我就对那些本可能发生在俄林身上的事情做了这样一种假想。如果他们两个人都曾对下述最有力也最简单的一般均衡情形开展深入分析:即在俄林-哈伯勒生产技术中引入固定要素总量、在需求方面假定不论是富人还是穷人都以只取决于相对价格的相同比例来花费所有的美元收入。如果是那样的话,那么亚伯拉罕·瓦尔德(Abraham Wald)在1936年试图证明存在瓦尔拉斯-卡塞尔均衡的研究就如同小孩子的把戏了。我们所观察到的国家间生产模式和区域间要素价格的模式将会在亚当·斯密"看不见的手"的引领下实现全球真实产出的最大化!我们无须复杂的拓扑学知识就可以确信均衡解的存在(在俄林关于凸性的某些假设条件下,即使是均衡的唯一性也可以得到确立)。

为什么要关注学术变革中与事实相悖的情形呢?对此我有一些不一样的想法。在一致性需求以及所有商品都是可贸易商品的情况下,俄林在1929年与凯恩斯就德国赔款问题的辩论中是最大的赢家。这一争论成就了一项定理:赔款并不影响德国相对于英国的贸易条件。

正如我在 1952 年的论文中所述的那样，俄林不需要任何国家宏观层面的“购买力转移”来证明自己的上述观点。而这距离俄林发表其博士论文已经过了整整 28 年。当本书两位译者弗拉姆和弗兰德斯认为俄林“在宏观经济领域是高度原创”的时候，这一评价可能低估了俄林的原创性。俄林在收入转移问题上的可贵的洞察力并不仅仅在于推导出一种宏观层面的可能性。因为当经济环境变化从而宏观经济学界的潮流改变时，这种宏观层面的可能性很可能会失效。事实上，俄林的理论是一种新颖的、长期的微观经济理论。

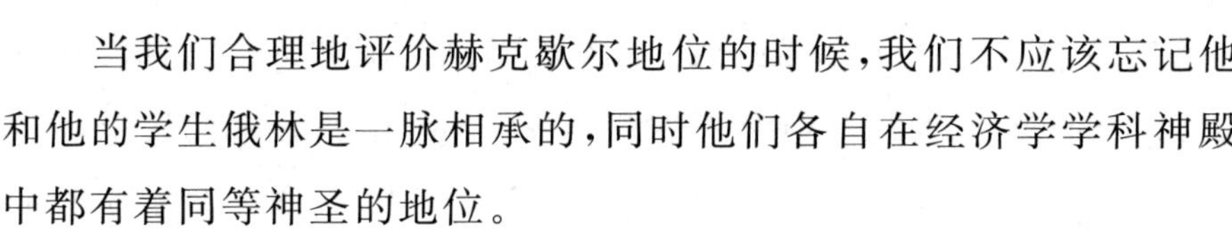

当我们合理地评价赫克歇尔地位的时候，我们不应该忘记他和他的学生俄林是一脉相承的，同时他们各自在经济学学科神殿中都有着同等神圣的地位。

内 容 介 绍

哈里·弗拉姆，琼·弗兰德斯[①]

赫克歇尔的文章《对外贸易对收入分配的影响》以及俄林的博士论文《贸易理论》（*Handelns Teori*）是国际贸易领域 H-O（Heckscher-Ohlin）理论（赫克歇尔-俄林贸易理论）的两大基石。赫克歇尔的文章最初以瑞典文发表于 1919 年。英文缩略版则是出现于 1949 年。俄林的论文最初是以瑞典文于 1924 年发表，名为《贸易理论》，且一直未有英文翻译版。

赫克歇尔-俄林理论的出现取代了以罗伯特·托伦斯（Robert Torrens，1815）和大卫·李嘉图（David Ricardo，[1817]，1951）为代表的古典范式而成为国际贸易的主导理论。赫克歇尔的创新之处在于将比较成本差异以及贸易模式归因于要素禀赋的差异性而不是如古典理论所言的生产力方面的"气候"差异。俄林认识到赫克歇尔的天才思想所揭示出来的革命性本质，并将其与一般均衡和新古典理论相结合，增加了货币因素并将新模型打造成综合性的分析工具。

① 我们感谢埃尔赫南·赫尔普曼（Elhanan Helpman）、罗纳德·琼斯（Ronald Jones）、巴廷金（Don Patinkin）和保罗·萨缪尔森提供的帮助；感谢俄林基金会的资金支持；感谢国际经济研究所、斯德哥尔摩大学、Foerder Institute 以及特拉维夫大学经济学系等机构的帮助。

赫克歇尔和俄林的研究广为人知则是源自俄林于 1933 年出版的《区际贸易与国际贸易》一书。我们出版这一原创性著作的动机有如下几个方面。第一，有必要用英文将赫克歇尔的论文完整地向世人展示，同时也对第一版进行一些实质性的纠正。在第一版中曾被遗漏的章节反映了克努特·维克塞尔的深远影响。第二，《贸易理论》一书乃是对赫克歇尔-俄林理论的第一次全面论述，因此有必要以英文的形式刊行。其论述构成了俄林当时所认为的分析的核心和关键所在，并在后来扩展为《区际贸易与国际贸易》一书。第三，它解释了俄林(Ohlin, 1929a, 1929b)与凯恩斯先生在《经济杂志》(*Economic Journal*)上关于国际收入转移问题展开争论时所坚持的论点的根源。这些论述早于《区际贸易与国际贸易》一书四年。最后，出于实用主义的目的，任何有意阅读俄林第一手资料的人都可以阅读其本人的博士论文而不是后续的文献，以节约相当的时间。

在引言部分，我们试图阐述赫克歇尔和俄林对 H-O 理论的影响，比较两个人各自的贡献，同时比较该理论的最初版本与现代版本之间的差异，并介绍俄林在《贸易理论》一书中涉及国际货币经济学方面的开创性研究。

赫克歇尔生平概要[①]

赫克歇尔于 1879 年出生在瑞典斯德哥尔摩的一个富裕且享

① 本章以亨里克森(1979,1990)、赫希(1953)、蒙哥马利(1953)和俄林(1971)为基础。赫克歇尔本人并没有撰写回忆录而且至今都没有个人传记。亨里克森(1990)用英文写过一篇简短却全面的赫克歇尔传记。

有良好社会名望的犹太人家庭。他的父亲从丹麦移民到斯德哥尔摩以加盟由其兄长管理的银行。作为职业银行家,他的父亲有着浓厚的学术兴趣并拥有哥本哈根大学法学博士学位。他在学术期刊上频频发表关于法学和经济学方面的论著。这些出版物之中有些是在他作为驻斯德哥尔摩的丹麦领事期间向丹麦外交部提交的报告。赫克歇尔的叔叔帮助重建了斯德哥尔摩股票交易中心,并曾短期担任该中心主席。此外,他叔叔还慷慨地捐资建成斯德哥尔摩大学法学院和斯德哥尔摩商学院。赫克歇尔的家族史非常显赫,共产生过八位商人和银行家。[①]

赫克歇尔于 1897 年进入乌普萨拉大学并于 1904 年获得哲学博士(filosofie licentiate)学位。他主修经济史,同时也学习政治科学并在大卫・戴维德森(David Davidson)的指导下学习经济学。戴维德森是《经济杂志》(*Ekonomisk Tidskrift*)(后来成为 *Scandinavian Journal of Economics*)的创始人。该杂志成为瑞典经济学家交流和讨论的主要阵地,最著名的有古斯塔夫・卡塞尔(Gustav Cassel)、赫克歇尔和维克塞尔。但是,赫克歇尔对经济学的学习大都来自阿尔弗雷德・马歇尔的《经济学原理》及维克塞尔的《政治经济学讲义》和《利率与价格》[②]。赫克歇尔与戴维德森的关系毫不亲密——戴维德森对经济理论的态度令他感到沮丧。

① 纽约的赫克歇尔体育场乃是以该家族一名美国后裔的名字命名的。

② 维克塞尔的原著标题是 *Geldzins und Güterpreise*,这一德文标题的字面翻译是《货币利息与商品价格》(*Money Interest and Commodity Prices*)。该书 1898 年出版,1936 年才首次刊行英文版,英文版标题是《利率与价格》(*Interest and Prices*)。——译者注

另一方面，他对维克塞尔却是由衷地尊重。尽管乌普萨拉大学是赫克歇尔的母校，他同样也前往斯德哥尔摩大学和歌德堡大学学习。他前往歌德堡大学是为了师从伟大的历史学家哈拉尔德·杰恩(Harald Hjärne)，后者强烈地影响了整整一代杰出的瑞典人，其中自然包括赫克歇尔。在获得乌普萨拉大学学位之后，赫克歇尔成为斯德哥尔摩大学的副教授。

赫克歇尔发表于1907年的博士论文关注瑞典铁路的效应并已经显露出其作为经济史学家的印记：该论文以实证数据为基础并以经济理论为砖石。在当时，经济理论在经济史中几无一席之地且经济学的主流做法受历史学派的主导。因而，他的这一做法是具有开创性的。

当斯德哥尔摩商学院于1909年建成的时候，赫克歇尔成为该学院的第一位经济学教授。他积极参与该学校的组织建构以及课程设计。他热爱教学且是一位智慧的演讲者。不论是否作为讨论会的主持人，他几乎都以其卓越的智慧、热情、博学以及教学技能主导每一场讨论会。参加他的讨论会常常是有收获的，但并不总是一个愉快的体验。他既不喜欢愚昧者也不喜欢机会主义者。

对赫克歇尔而言，发现真理并不是全部，还要践行这些真理。为此他参加许多政府委员会(其中包括税收、贸易政策、战备、失业和货币政策等等委员会)，还为新闻媒体撰文并在广播中作演讲。[①]

① 他由于在一战时成功促使中央银行提高利率而家喻户晓。当时，他在一篇新闻报道中警告大众说，黄金的市场价格高于当时中央银行发布的用于交换纸币的价格。赫克歇尔已经预料到会大量出现把纸币兑换成黄金的情况，这意味着货币供应量将会减少。当局迅速停止了兑换。然而，贴现率的提升导致了货币紧缩。

对经济学家而言，赫克歇尔的名字总能让人联想起其在国际贸易理论方面的开创性论文。该论文与另外一篇有关规模经济的论文(1924)构成他在经济理论方面的所有产出。赫克歇尔主要研究经济史。对于不熟悉瑞典文的经济史学家来说，他以其不朽且经典的研究《重商主义》(1931)一书而闻名。作为最重要的瑞典历史学家之一，他的名气源自其同样令人钦佩的巨著《自古斯塔夫·瓦萨时代以来的瑞典经济史》[①]。在他去世的1952年，他一直为该书努力工作了20多年最终仍未全部完成：四卷本共涵盖了从16世纪早期到1815年拿破仑战争为止的历史时期。

赫克歇尔极其具有生产力同时也是一位辛勤的工作者——在该书的文献目录中共有1148篇著作。对于他来说，“对真理的学术探索”无异于是一种宗教信仰。“与其他任何宗教信仰一样，它需要完全地臣服”(Montgomery，1953)。对于将其一生奉献给工作，他有着强烈的道德责任感，而且他多年来都忽视健康状态的恶化直至逝去。他的藏书签上写着：“忘却生命的目的就是浪费生命。”

俄林的生平概要[②]

俄林于1899年出生于瑞典南部小镇克里潘的一个富裕家庭。其父亲是一名律师和公务员，在当地政界小有名气。他的母亲来

① 古斯塔夫·瓦萨(Gustav Vasa)是瑞典国王，曾在1523—1560年期间统治瑞典。——译者注

② 这部分内容大都是基于俄林的回忆录所写(1972)。

自高级公务员家庭。遵循传统中上阶层家庭的路径，俄林先是进入中学，然后进入大学。他于1915年进入隆德大学，并于1917年获哲学学士(filosofie kandidat)学位。他修读过统计学、经济学和数学。尽管他在校期间很喜欢数学，但很快他就认识到自己并非注定要成为数学家。他的经济学教师之一就是维克塞尔，后者的人格和谦卑很显然都对俄林产生了重要影响，尽管其教学本身对他并没有太大影响。

在隆德大学完成学业后，俄林前往斯德哥尔摩并在斯德哥尔摩商学院得到了在商业管理和会计方面的更加实用的教育。[①] 他很快就加入赫克歇尔为二年级学生开设的研讨会。尽管赫克歇尔不太情愿，但还是允许他加入讨论会，因为考虑到他已经在隆德大学学习过经济学。然而，很快他的顾虑就被消除了。有一件事对于俄林获得赫克歇尔的认可起到了重要的作用：俄林被要求对由同班同学发表的关于树木最优寿命的一篇论文作出评论——这一问题困扰了赫克歇尔多年，且一直以来都与瑞典森林经济学者展开激烈的争论。赫克歇尔的立场是：一棵树木的增长率等于利率的时候就应该被砍伐。俄林注意到，土地在其他方面所带来的收益构成了额外的机会成本。如果这一机会成本为正，这就降低了树木的最优寿命。恰恰是俄林对微分学的掌握帮助他得出这一正确决策定律，这很可能是数学对其经济学产生积极作用的唯一例证。在讨论会上，赫克歇尔针对俄林的论点展开反驳，但是他已经

① 这是俄林在回忆录中所写的内容。很显然，他也曾告诉过奥托·斯泰格尔(1981)，他去斯德哥尔摩商学院的原因是一战时他曾受到报纸上一篇文章的启发，那篇文章是赫克歇尔关于战争时期经济状况的研究。

意识到俄林是对的。他对俄林的尊重与日俱增,这一结果日后发表于纪念维克塞尔的论文集中(Ohlin,1921)。[①][②]

相比较于正式的教育,与教师和同学之间的交流似乎对俄林作为经济学家的发展而言影响更大。尤其重要的是他于1918年被允许参与斯德哥尔摩大学经济学俱乐部的讨论,当时他年仅19岁。赫克歇尔于1917年创立了这一俱乐部以向学术界的经济学者们提供用于讨论的平台,尤其是为了保持与维克塞尔的联系——维克塞尔已经于前一年退休并搬到斯德哥尔摩。其他有名的参与者有卡塞尔和戴维德森。1918年卡塞尔将其伟大的论著《社会经济理论》[③]在该俱乐部发表。在此后的岁月里,卡塞尔几乎不参与讨论,部分原因是他不喜欢维克塞尔。就卡塞尔于1919年在《经济杂志》上发表的代表作,维克塞尔写了一篇高度批判性

① 赫克歇尔给了俄林极高的评价。赫克歇尔评价标准的苛刻众所皆知:大约100人参加的口试中只有五名学生脱颖而出,即使某些人曾得到过顶尖的成绩,而且这些人都是冲着他来面试的。其中包括令斯德哥尔摩大学声名远播的阿尔夫·约翰森(Alf Johansson);跨国包装公司利乐包的创始人鲁宾·劳辛(Ruben Rausing)——在他过世的1983年,他是瑞典首富;还有沃伦伯格·雅各布(Wallenberg Jacob)和他的兄弟沃伦伯格·马库斯(Wallenberg Marcus),他们是数十年来瑞典最有影响力的实业家和银行家之一。正如瑞典的经济历史学家罗尔夫·亨里克森(Rolf Henriksson)所说,从赫克歇尔那里得到一个A等级比成为一个经济学教授更有价值。赫克歇尔对才华不那么出众的学生总是乐于给予他们忠告并帮助他们,他常说:"某某某先生也许能够成为一位很优秀的主教、总理或者其他类似的人物,但是他不可能成为一位好的经济学家"(Henriksson,1979)。

② 俄林的定理很大程度上归功于德国森林和林业经济学家福斯特曼(Faustmann)。后者在1849年最先推导出该定理。正当赫克歇尔研究这个问题的时候,这一定理出现在德国的一本书中,而俄林独自重新发现这个定理。这个事实是在1921年他的论文发表之后才被确认的。据萨缪尔森(1976),福斯特曼的最优循环规则直到20世纪50年代才广为人知。

③ 该书德文标题为 *Theoretische Sozialoekonomie*。——译者注

的评论。他批评卡塞尔的新古典经济学概念不含边际效用理论，而且他尖锐地指出卡塞尔的一般均衡体系与瓦尔拉斯的体系之间的相似性，而卡塞尔却没有对此进行说明。此外，卡塞尔和赫克歇尔彼此之间存在反感始于赫克歇尔在斯德哥尔摩上大学的时候。他们在学术舞台上多次交锋，而在1919—1924年间他们一同任职于“政府关税和贸易条约委员会”的时候，两人分别是对立立场的代言人。

在担任该委员会经济学家一年之后，俄林于1920年秋季前往斯德哥尔摩大学的研究生院，师从卡塞尔和哥斯达·巴格(Gosta Bagge)。俄林在1922年春将其学位论文提交给了卡塞尔，后者当时是其论文的主审官。卡塞尔对于这一论文非常满意，他将这一论文看作是其一般均衡体系(依旧未提及瓦尔拉斯)的扩展。他唯一不满意的地方就是俄林引用了赫克歇尔1919年的论文。当俄林在《贸易理论》中对赫克歇尔的论文进行拓展的时候，卡塞尔在1926年的信中依旧提到了同样的反对意见。他在一封信中写道：“由于赫克歇尔的做法是完全错误的，对他的引用毫无意义。”俄林在回忆录中说道，卡塞尔的这一论调是“过分夸张”且“即使有人会批评赫克歇尔的做法，在某些点上它依旧是具有开创性的”。鉴于俄林不论是在《贸易理论》一书还是在《区际贸易与国际贸易》一书的前言中都没有明显提及赫克歇尔，这一言辞是值得注意的。俄林与卡塞尔关系不错，但与赫克歇尔的关系却不是特别好。[①]

① 1931年，赫克歇尔与俄林感情破裂，尽管在随后的几年里他们的关系有所缓和，但也未能得到修复。赫克歇尔有一个研究工作，而俄林接替他担任了教员。赫克歇尔却被迫解雇俄林，原因有三点：一是俄林需要时间打包和做离开哥本哈根的准备，

卡塞尔本人把俄林看作是其最喜爱的学生之一(还有在1924年开始研究生阶段学习的冈纳·缪尔达尔)。

1922—1923年,俄林在哈佛修读了国际贸易、国际金融、经济思想史、经济理论(师从法兰克·陶西格)以及农业经济学课程。俄林修读农业经济学课程(俄林所写的课程期末报告是关于密西根洋葱定价问题)是因为他渴望师从托马斯·尼克松·卡弗(Thomas Nixon Carver)①。俄林曾拜读过他关于收入分配的书籍并佩服其"无懈可击的逻辑"。在哈佛求学期间,他在陶西格的国际经济学课程上与该课程的学生的接触,给他带来了重要影响。这些学生后来成为著名的"哈佛"或者"陶西格"学派成员,尤其是当时还只是副教授的约翰·威廉姆斯(John H. Williams),以及雅各布·维纳(Jacob Viner)。维纳推荐俄林阅读其手稿《加拿大国际债务平衡表,1900—1913》(Viner,1924),该手稿的部分内容后来体现在《贸易理论》一书中。威廉姆斯和俄林一起批判古典贸易理论。根据俄林的阐述,威廉姆斯主要考察动态机制的缺失但是却不清楚古典理论需要在何处以及如何进行改进。俄林似乎比威廉姆斯更成功,因为他的模型要比威廉姆斯1929年的论文更加反主流,尤其是在动态学、生产要素国内非流动性以及要素国际流动性方面。

二是其想要为国际联盟做调查研究,三是因为俄林由于此前的眼部疾病已经请了大约一年时间病假。当俄林申请返回哈佛时,赫克歇尔终于失去了耐心。还有其他方面的原因导致他们关系的恶化,其中一个方面可能是他们政治立场的不同。赫克歇尔是一位保守主义者,主张不干涉劳动市场并保持政府预算平衡。而俄林以及斯德哥尔摩学派则支持积极的劳动市场干预和反周期财政政策。

① 托马斯·尼克松·卡弗(1865—1961),美国经济学教授。1894年获康奈尔大学博士学位,而后于1902—1935年在哈佛大学担任教职。——译者注

这些便是对俄林早期构成影响的主要思想来源。俄林后期的活动包括1925—1929的5年间在哥本哈根大学担任教授，以及在斯德哥尔摩经济学院担任教授36年。之后，他成为议会成员并担任自由党党首，并以战时贸易部长的身份开始为期33年的政治生涯。可以说，在1934年当选为自由青年组织领袖的时候他的学术生涯就基本结束了（尽管他此后也发表一些论文，诸如Ohlin，1937）。但是，当他于1967年从政党领袖位置退休后，他对经济学表现出更加浓厚的兴趣。1977年他与詹姆斯·米德（James Meade）一同被授予诺贝尔经济学奖，以表彰他们对国际经济学的贡献。他于1979年8月2日去世，据说处于休假期的他当时依旧笔耕不辍，他终生共写就超过1200篇新闻报道。

赫克歇尔的贡献

用萨缪尔森的话（1982）说，赫克歇尔的论文是“天才之作”。赫克歇尔自己貌似未能正确评估其论文的革命性。在英文版初版的“序言”中，他将其看作是“把国际贸易与收入分配相结合的初次尝试之一，或者是将国际贸易与生产要素的价格相联系”。他并没有意识到自己已经对国际贸易理论进行了革命，而不仅仅是将其与分配理论“结合”起来。

让我们简要地回顾一下赫克歇尔的论文。该论文是从政策视角来写的。他首先考察的是贸易、接着是关税对一国内部收入分配的影响。赫克歇尔惊讶于只有少数人对比较成本差异的原因感兴趣，因为这一问题乃是李嘉图国际贸易理论的基本问题，那也正是他成功提出挑战的理论。

不论是理查德·凯夫斯(Ricardo Caves,1978)还是约翰·奇普曼(John Chipman, 1966)都曾写到,赫克歇尔论文的根源可以在维克塞尔的作品中找到。赫克歇尔在“序言”中提到,“……本文的原创归于维克塞尔对本人早期一书的批评”。该论文的起始句就是“下文所述可以追溯到维克塞尔教授在约一年前就本人所著《瑞典的生产问题》一书的书评”。赫克歇尔引用了维克塞尔(1911)书评的相关段落:

> 假设相对于产成品和食品价格,铁矿石和伐木工人的价格非常高,以至于对矿产所有者和土地所有者而言,出口铁矿石和一些轻加工的林木产品将会是有利可图的。只要这种趋势不是那么强烈,正如眼下所发生的那样,即使在价格下跌的情形下,也可以通过更加密集地使用最肥沃的农业用地以及一些幸存的工业加以抵消。如果这一趋势变得非常强烈,那么,大多数人就会以这样或那样的方式搬离该地区。对于世界经济而言,这将会是非常有益的:因为从全球经济角度来看,没有什么能比地球上那些最适宜于原材料生产的土地被用于其所适宜的商品生产更加有利可图,即使人口因此而变得更加稀疏。但对于瑞典民众而言,该国却是另一种情形。

维克塞尔描写的是19世纪后期瑞典的发展。当时,相当多的瑞典人移民到了美国。维克塞尔对当时瑞典经济问题的解读为赫克歇尔提供了后来成为国际贸易新理论的基石。国家在要素禀赋方面存在差异，同时不同部门的要素比例也存在差异。世界价格的变化会导致对充裕要素（土地）需求的增加，以及对稀缺要素（劳动）需求的减少。[①] 只是还没有提出基于要素禀赋和生产过程中的要素比例的比较优势概念，以及通过商品贸易带来的要素价格均等化的概念。而这些就留给赫克歇尔来发现。

然而，在读到维克塞尔的评论之前他就已经关注过贸易理论。在1918年他出版了《大陆体系：一种经济学的解读》，就拿破仑对英国的封锁以及商业体系展开了研究。在第一次世界大战期间，不论是在报纸上还是作为政府战备委员会成员，他都积极主张增加囤货。就维克塞尔的影响而言，赫克歇尔在其1949年的“序言”中说道，“然而，这并不意味着维克塞尔赞同还是反对我对国际贸易理论的处理方式，这些理论方法始终与他的主张相去甚远”。

与后来的俄林一样，赫克歇尔也意识到规模经济对贸易决定的重要性，尽管他是以国家的大小来阐述这一点的：

> 具有“相同要素相对稀缺度”的两个国家将会在所有生产部门使用“相同技术”这一定理的唯一例外是市场规模的绝对差异，这将导致生产数量规模的差异并进而导致技术差异。

① 维克塞尔的观点实质上提出了两种商品、两种要素模型下的斯托尔珀-萨缪尔森定理。其观点中要素比例的不同起到了关键的作用，并且明显地出现了要素替代。因此维克塞尔的名字应该列入萨缪尔森1981年那篇对1925年和1931年澳大利亚关税讨论的反思中，对斯托尔珀-萨缪尔森定理做出贡献的前期学者名单中（包括F. Y. Edgworth，A. C. Pigou，Marion Crawford Samuelson）。

赫克歇尔对这一点的重视程度远不及俄林，后者反复讨论“专业化的优势”及其镜像，即由要素的不可分割性带来的成本。这也意味着规模经济所适用的范围。这一点很有趣，因为规模经济正是赫克歇尔在斯德哥尔摩大学讲授商业经济学时的重要部分，而且在他出版其贸易论文数年之后，他发表了与规模经济、不完全竞争及公共物品有关的一篇题为“间歇性自由物品”的理论文章。根据他所在学院的同事经济史学家亚瑟·蒙哥马利（Artur Montgomery，1953）的文章，赫克歇尔长期以来都认为这篇论文要比他有关国际贸易的论文更加重要。

然而，对赫克歇尔来说，这些规模效应在实证上处于次要的位置。对他而言，比较优势的主要决定因素是生产要素的相对禀赋。

> 因此，发生国际贸易的前提条件可以归纳为*相对稀缺程度的差异，即在相互交换的国家之间生产要素相对价格的差异以及不同商品生产过程中生产要素比例的差异*。

在他的分析里，每个国家的生产函数是一样的，而且要素价格是均等的（截然不同于引自维克塞尔的段落）。与标准的赫克歇尔-俄林-萨缪尔森-琼斯（简称 H-O-S-J）模型不同，在俄林看来要素是异质性的，因而其数量实际上是“无限的”。毫无疑问，国家之间具有相同生产函数的条件与当代模型相一致，但却是区别于李嘉图学派的观点。关键的假设条件是“不同国家*生产既定商品时使用的是相同的技术*”。

对于赫克歇尔而言，这样一来贸易将源自封闭状态下的要素禀赋差异，而后者又源自要素价格的不均等。然而，贸易的发生却会带来要素价格的均等化。赫克歇尔和俄林的名字已然变成了要素价格均等化的代名词（它已经被广泛认为是当代 H–O–S–J 模型的主要元素，参看 Jones，1989）。

> *如果生产技术在所有的国家都相同的话*，……*贸易必然*会持续扩张直到国家之间*生产要素的相对稀缺性的均等化实现为止*。我们必须接着质问这种均等化是*绝对的*还是相对的……这一定理并没有进一步被阐述地这么深入，但它是贸易不可避免的结果。

然而，赫克歇尔并没有将要素价格均等化作为一个经验事实而接受（俄林也没有）。他的理由不是要素异质性而是专业化分工。他认为生产要素比例很有可能超出如今被称为“多样化三角”（cone of diversification）（Jones，1988）之外。他认识到，专业化分工会阻碍要素价格均等化和相同技术的使用。导致要素价格均等化的多样化被认为是“和谐均衡”。

> “和谐”均衡要求……每个国家必须拥有足量的本国最稀缺的要素，这样每种商品生产的要素比例都会与其他国家的相应要素比例相同。

赫克歇尔将美国作为一个历史实例，认为当开始贸易的时候，美国拥有的土地广袤而劳动力却极度稀缺，以至于如果按照欧洲的地租工资比率，那么美国将没有足够的劳动力来耕种所有的土地。因此，美国生产过程中的土地劳动力比率要高于欧洲，而且工资地租比率因而会持续上升。要素报酬并没有均等化。赫克歇尔认为，这就解释了欧洲人向美国移民的原因。他并没有解释为什么移民的流动不是在更早的时候开始的，但据上下文推测，他认为是由于在交通方式改进之前存在着人员流动和商品流动方面的阻碍。因此，随着商品和要素的共同移动，要素价格将会实现均等。

《贸易理论》的写作背景

对于俄林思想发生变化的一个推测是，他先是在斯德哥尔摩学院受到赫克歇尔的影响，在那里他接触到了要素比例影响并决定贸易方向的思想，之后是从斯德哥尔摩学院的卡塞尔身上掌握了用方程组表达一般均衡的做法。然后他便去了哈佛大学，师从陶西格和他的学生。尽管哈佛大学的学者们从根本上持有的是古典立场，但是这次接触极大地影响了他对实物层面和货币层面国际经济学的观点。

他在回忆录中用如下句子描述最初开始进行国际经济学领域的研究："我于 1921 年开始进行有关国际贸易理论方法的基础研究，这一研究在一定程度上是全新的。1920 年在柏林期间，我在菩提树大街漫步时获得了灵感。"他在这一领域工作了 10 年——从 1921 到 1930 年，这些研究内容后来形成了《区际贸易与国际贸易》。据他个人所说，这些工作占了这一期间他所有时间和精力的三分之一。

因此，在开始写学位论文的时候，他已经建立了其理论结构的主要框架。该学位论文共有52页，包含四个部分，外加引言和结论。第一部分论述的是比较成本理论，并解释其与要素禀赋和要素比例之间的关系，然后是得到H-O定理和要素价格均等化定理。其他三部分讨论由于商品有限可得性、要素有限流动性和不可分性（规模经济）带来的对上述理论的修订。其中最后一项，即规模经济因素与形成比较成本差异的其他因素，同样受到了重视。

俄林的学位论文因其对赫克歇尔的态度而显得重要。俄林从未在论文正文中提及赫克歇尔的名字，只是在三处脚注中提到了赫克歇尔。在其中两次脚注中，俄林建议读者参看赫克歇尔的论文而没有对该论文给出评论。第三处脚注则是批评赫克歇尔犯了一个“致命”的错误，即他认为：如果要素比例在一国内部的所有商品中都一样但是在不同国家之间却存在差异的话，贸易便不存在。这是对赫克歇尔的误读。从赫克歇尔论文的第二部分可以清晰地看到，赫克歇尔并没有考虑这种可能性。相反，赫克歇尔讨论了两个国家之间所有商品生产都使用相同要素比例的情形。我们只能猜测，俄林对赫克歇尔的傲慢，其动机可能是不希望将其贡献与赫克歇尔共享又或者是预期到他对赫克歇尔的任何褒奖将会招致卡塞尔的强烈反对。

《贸易理论》一书的撰写实属偶然。俄林很显然从没有故意要用瑞典文发表其研究。但是在1924年，他面临在短时间内完成博士论文的压力。赫克歇尔已经通知他在哥本哈根大学经济系有一个前景不错的职位，并且强烈地暗示俄林将会成为有力的竞争者。在1972年的回忆录中俄林认为，赫克歇尔不愿更加直白地提及这一空缺是因为赫克歇尔预期自己将会被邀请参加选拔过程。俄林的另外一位老师，Bagge 教授即将在秋季学期前往美国并希望俄林能够作为其继任者。所有这些职位都要求竞聘者具有博士学位。因此俄林从 4 月 1 日起努力撰写论文，归纳并翻译手稿。他顺利地在暑期开始之前的 7 个星期内按要求完成论文书写、打印并陈列，用于公开审阅和答辩。[①]

俄林对古典模型的批判

我们接下来将要简要地梳理俄林思想的形成过程。尽管他对古典理念的接受有可能源自赫克歇尔，但我们还是希望从其对古典理论的批判开始。

总体上来说，俄林对古典理论的批判以及对方法论的讨论，在其《区际贸易与国际贸易》一书中的表达要比在《贸易理论》中更加完整且清晰。在《区际贸易与国际贸易》一书中，其对古典理论的讨论包含了帕累托、马歇尔以及李嘉图（的理论）。尽管由于比先前的版本长得多，这部分内容被移到了附录部分。但是，《贸易理论》一书在最后一章对古典价值理论和古典贸易理论进行了全面的综述。这表明俄林从一开始就深谙自己所从事的研究内容及其重要性。

他对于古典理论的批判采取了两个路径。一个是对“现实主

① 我们只是翻译者而不是文学评论家，但是必须承认该书撰写之仓促是很明显的，不论是从该书的体例还是从其（缺乏）对参考文献等类似细节问题的关注都可以看出来。

义”的探求，这对他来说一直都是考量的关键。他认为古典贸易理论所假设的要素不可流动性是不现实的（他与威廉姆斯曾经就此话题展开过讨论，而且令人想起很多威廉姆斯在1929年的论文中所述的内容）。不论是要素的完全非流动性还是完全流动性都是不恰当或不适用的，不论是在国家内部还是在国家之间，世界都应该被描绘成“部分流动性”的。正是这一点使得国家内以及国家间的贸易成为“地区间贸易”的特例。略显讽刺的是，H-O-S-J标准模型事实上也假定要素在国家内部具有完全的流动性以及在国际之间具有完全非流动性。

但是，其对古典经济理论的批评是更加根本的。他认为在一个错误的价值理论基础上无法建立一个有效的空间价格决定理论。赫克歇尔认可古典经济学家主要或者完全从供给层面来分析贸易，也就是将贸易视为一个成本现象。然而，他反对古典经济学家的处理方式。将生产的真实成本减少到只有单一维度意味着要将所有的生产要素都合并成为可以度量的同质性单位。他注意到李嘉图在这一方向上进行了一些技巧性的处理，即将所有劳动力通过非熟练工人的乘数进行测度。但是当处理资本的时候，问题就产生了，而且俄林说，李嘉图试图假定单一的资本劳动比率，但是后来放弃了。

俄林正确地意识到，作为理论的基本假设，固定比例和可变比例之间的差异是至关重要的。他不仅认为在一个可变比例的世界里，一个简化了的“古典价值理论”是不正确且不恰当的，而且他还认为仅仅对该理论进行简单的修订是无济于事的。

俄林认为，从无法成立的价格理论出发，古典经济学家们误解了贸易理论，而且这导致他们对某些问题形成固定成见。同时，主要关注贸易对贸易条件的影响而忽略了其他方面，尤其是对国家（地区）内部收入分配的影响。劳动价值理论形成了供需理论与收入分配之间的分歧点。通过在价格决定机制之外考察资本的利息率，古典理论破坏了一般均衡理论内的“链接”，因而所有价格（包括所有的要素价格）都内生地由该机制决定的观点不再正确。（通常认为，相同的言论也可适用英国剑桥大学后凯恩斯系统的比罗·斯拉法、琼·罗宾逊等人，在这些体系中利润率可以由社会、政治或者是历史来决定，但却是在新古典价格机制之外。）

正如下文所述，俄林对于贸易理论的最大贡献可能就体现在这一方面。1949 年，赫克歇尔认识到他个人的贡献在于“将外贸与收入分配又或者是与生产要素的价格相联系”。俄林（正确地）声称，这得到改进的并不是一种联合（combination）而是一种一体化（integration）以致对二者进行区分是不可能的。从这一点来看，他的分析方法是典型的新古典主义。他和赫克歇尔共同将新古典价格和分配理论带入国际贸易理论。如果说是赫克歇尔创建了两者之间的联系的话，那么俄林则是发布了通告并主持了这场仪式。

俄林和赫克歇尔

通常认为，俄林在《贸易理论》一书中创造性地将赫克歇尔的名著与他从卡塞尔处习得的瓦尔拉斯的规范化相统一。俄林在该书引言中承认一直以来都受到赫克歇尔“潜移默化的”影响，而事实上这种影响显然是非常强烈的。有证据表明，俄林对赫克歇尔所做贡献的重要性的认识要高于赫克歇尔本人。俄林曾写道:“赫克歇尔和陶西格都将各自的论述看作是对古典理论的修正和补充。例如,赫克歇尔认为自己的论文是‘对比较成本前提条件的分析’。我无法认同这种观点。事实上,我认为它完全无法适用于古典劳动成本理论。”(Ohlin, 1933,1934)(我们并不完全赞同他对陶西格的评价,但是他对赫克歇尔的评价无疑是正确的。)

在其英文初版的“序言”中,赫克歇尔非常认可自己的研究对俄林后续研究的贡献。与赫克歇尔的文章相比,不论赫克歇尔还是俄林都对俄林书中的一般均衡特征给予了更多的关注。很显然,赫克歇尔低估了自己的贡献,尽管他试图在其“序言”中对此进行纠正。他显然不能认识到他的做法也遵循一般均衡范式。同样是在那篇“序言”以及俄林(1967)的产品中,赫克歇尔都将自己的先驱性贡献描述为:“赫克歇尔相当不愿意将要素比例分析与瓦尔拉斯-卡塞尔理论相整合”。

当提及俄林所作分析的一般均衡特征时,赫克歇尔和俄林都以瓦尔拉斯方程组的形式来表达模型。正如此前所述,这恰是俄林从斯德哥尔摩商学院和赫克歇尔那里转向斯德哥尔摩大学和卡塞尔门下时,他从卡塞尔那里习得的。当然,卡塞尔从洛桑学派引进了这一体系和方法(卡塞尔和俄林将之称为“洛桑方法”),并将其纳入到《社会经济理论》一书中。直到 20 世纪 50 年代,我们都认为要满足“一般均衡”,任何分析都必须以包含多个变量和多个方程的瓦尔拉斯体系来表达。直到 20 世纪 60 年代萨缪尔森、琼斯等人对 H-O 范式开展拓展时才认识到,一个模型有可能通过简易的文字来描述,同时也是一般均衡的。因此,俄林和赫克歇尔认为，俄林的主要贡献是将赫克歇尔的分析放到一般均衡框架内。俄林(1933)认为，通过广泛参考《贸易理论》书中的做法，卡塞尔在其书第四版(1926)中对开放情形下的“相互依赖理论”进行了论述。

与瓦尔拉斯不同，在卡塞尔的模型中他从未放弃固定系数的假定。另一方面，俄林从一开始就致力于可变系数的研究。我们可以据此推测，俄林要比我们所意识到的更加具有创新性，或者可以说他在这一问题上受到赫克歇尔的影响要比他自己所意识到的更深。俄林和赫克歇尔认为，俄林的贡献是通过遵循卡塞尔的方法对赫克歇尔模型提供了一个一般均衡版本。但是，不论赫克歇尔还是俄林都没有提及固定系数体系。俄林体系区别于卡塞尔体系的可变比例定律(收益递减规律的一般化表达)是古典经济理论与新古典经济理论之间的主要分界线，同时也是构成 H-O 理论的关键。

青出于蓝而胜于蓝的俄林

俄林并没有完全接受赫克歇尔的假设及结论。他对赫克歇尔的诸多“不现实的”假定都表示担忧，而且俄林的大量著作都试图使模型更加符合现实世界，包括将赫克歇尔完全无视的真实世界的特质纳入分析。在过去数十年间，这些特质中的许多方面都被认可并逐渐形成“新贸易理论”。

主要目标之一就是贸易将使要素价格均等化的命题。俄林从理论和实证两个命题对这一定理提出质疑。《贸易理论》一书把国

家间的专业化生产看作是对现实世界中要素价格不均等的一种解释,内容见下段文字:

> 可能没有哪种商品像农业生产这样需要如此少的劳动和如此多的土地。结果是,土地租金相对于工人工资要比其他国家更低,进而实现更广泛的农业生产。这仅仅是不匹配的要素关系带来影响的一个例子。……即使在一个地区存在这样一种商品组合,其对生产要素的需求与生产要素的供给正好相等,那么也可能出现这种情况:所有地区对这些商品的需求非常有限,以至于该地区无法专门从事这些商品的生产,同时还必须生产其他商品。那么这也就意味着生产要素的相对稀缺性背离了与其他地区一致的状态。

最后一句话表明,他比赫克歇尔要走得更远,并且将要素稀缺性的问题与世界需求模式相关联〔这令人想起弗兰克·格雷厄姆(Frank D. Graham)对固定成本情形下的米勒理论所作的修订〕。他强调造成不完全均等化的其他因素主要是运输成本以及影响商品交易的其他成本,还有国内要素流动的不完全性。

在正式模型(第三章“数学阐述”)中,他同样拒绝将要素价格均等化看作具有逻辑上的必要性——甚至否认其逻辑上的可行性。他这么做是因为假定生产专业化。

模型的关键如下:考虑一个只有两个国家、r 种要素以及 n 种商品的世界。对每个国家而言,就有令要素市场的供给等于需求的 r 个均衡条件,而这些条件反过来又取决于产出水平和各类投入产出系数。正如我们所看到的,俄林仅仅是假设完全专业化:即没有一种商品是同时在两个国家生产的。接着他认为如果要素价格均等,那么这一方程组就无解,因为两个不同的方程组将会有相同的解。

俄林在这一点上是正确的。经过此后不断地拓展(Samuelson, 1948, 1949; Jones, 1971a, 1987),俄林的观点演化为一条著名的结论:在多种商品以及多样性要素禀赋的国际贸易均衡中,这些国家在不同的多样性维度下进行生产,这些维度相互重叠以致那些在不同维度内生产的国家通常都只能生产一种商品。只有在那些具有相同多样化维度的国家之间才能实现要素价格均等化,也就是说只有在具有高度相似的要素禀赋的国家之间才能实现要素价格均等化。

然而,俄林对这一定理的阐述相当不一样。他从两国生产相同商品组合的封闭均衡,转向每一个国家都完全专业化生产差异化商品并且没有重叠的国际贸易均衡。在这一点上他完全忽视自己创立的将形成非完全专业化并导致要素价格均等化的新古典多要素模型的关键机制。在《贸易理论》一书中,他并没有说明为何要在模型中这么做。这一分析方法在两个版本(1933 年版和 1967 年版)的《区际贸易与国际贸易》中都以附录形式出现,内容几乎没有变化。只不过在 1967 年修订版中有关于这一点的解释说明,所以看起来是一个深思熟虑的决定。至于他是在 1924 年的时候就考虑到这一点,还是在 1967 年才对此问题进行事后解释说明,我们无从知晓。他在此处的动机对我们而言依旧是一个谜。

俄林对从封闭均衡转向贸易均衡的解释如下:假设两个国家

在封闭状态下都生产相同的商品集合。给定任意一个汇率水平，以便两国封闭状态下的价格可以进行比较。然后在A国，某些商品价格要低于B国，而另一些商品在B国的价格则会低于A国。在此基础上，他总结道，A国将专业化生产在该国比较便宜的商品，而B国则会专业化生产其他商品。能够实现贸易平衡的均衡交换比率将决定商品集合在A国和B国的确切分工。

根据《贸易理论》一书中其他地方的讨论，这一逻辑令人难以理解。他认为，从封闭状态向贸易的转变将会导致每个国家都放弃某些商品的生产并增加其他商品的生产。因此，在给定的要素组合情况下将会在要素市场上出现超额需求和超额供给。这必将改变要素价格以及要素组合的变化（要素替代）并重塑要素市场均衡。如果要素禀赋高度类似就不会产生专业化：A国和B国都将继续生产与封闭状态一样的商品组合。很显然，俄林在其正式分析中的思路与他在《贸易理论》一书中的分析相反。可以通过如下引自该书中的文字来说明：

> 如果某种需要大量使用土地来进行生产的产品（比如小麦）的需求增加，而另一种需要大量资本的商品（比如高档服装）的需求下降。那么，前者产量的增加和后者产量的减少将引起土地租金的上升和资本利息的降低。这就会导致在所有不同商品的生产中，增加资本使用并减少土地使用的做法将变得更加有利可图。这将使一部分土地被释放出来用于增加小麦的生产。

如果要素价格没有均等化，那么要素流动性问题就出现了：这一点事实上恰恰是赫克歇尔论文的主要论点。要素流动性是不完全的，否则的话根本就不会有贸易。俄林完全没有涉及的一个政策问题是如何防止可流动要素在国家之间的流动。答案可能是关税。随之而来的问题就是，使用关税限制或吸引某种要素意味着降低其他要素的价格，而这样一来又会鼓励这些要素离开。然而，如果存在土地之类的非流动要素，那么对不受约束的要素，也就是赫克歇尔论文中的资本和劳动力要素，采取保护措施就是值得的。

在有关要素价格通过收入以及需求变化对商品价格带来的影响方面，俄林要比赫克歇尔更直接。在数学阐述的章节（《贸易理论》第三章），俄林用文字论述道：需求取决于收入以及要素价格。在《区际贸易与国际贸易》的附录I中，这一点被正式引入模型中。另一方面，不论是赫克歇尔的观点还是《区际贸易与国际贸易》一书，贸易条件都没有作用于需求。

对于赫克歇尔和俄林来说，内生的要素供给是重要的。《贸易理论》一书中对内生要素供给和要素流动性的论述要多于赫克歇尔的论文。然而，这一差异很大程度上要归因于两本著作在长度上的差异。总体上来说，《贸易理论》一书要比赫克歇尔的论文包含更多因素间的相互作用和反馈（更具有“一般均衡”的特征）。（在赫克歇尔的处理方式上，他没有考虑要素供给对需求变化的影响，并进而对商品价格和要素价格构成影响。）在这里，读者需要区分俄林的正规模型和他的文字论述。很矛盾的是，不论是在这一问题还是在其他问题上，正规化的模型却要显得更不具有一般性：要素供给在正规模型中是外生的，然而在文字论述中要素供给却是(1)内生的,具有向上倾斜的供给函数,而且(2)在不同地区和国家之间由于收益的差异而存在流动性。当然(1)和(2)之间差异很大,而且赫克歇尔和俄林都对二者进行了明确的区分。

随着贸易的开展,赫克歇尔和俄林都一方面强调国际要素价格差异对要素移动弹性的重要性以及二者之间的关系,另一方面强调商品贸易对商品价格差异的反作用。此类系数的绝对和相对数值是重要的。例如,前面我们引用的赫克歇尔对于欧洲向美国移民的分析似乎就是对事件后续结果的描述。较高的运输成本阻碍了商品和服务的贸易。当技术进步导致成本降低的时候,不论是商品贸易还是要素流动都将变得可能。首先是商品贸易的发生,大概是因为其对价格差异更加敏感。商品价格差异的不断缩小会带来要素价格的不断接近。但是,如果要素价格差异没有被消除,要素流动(如果存在的话)将会令这种差异消失。赫克歇尔进一步提出,如果两个国家生产完全差异性的商品,也就是实现专业化生产,那么"仅贸易本身将无法消除这些不一致性",还需要要素的流动。他强调说,假定包括土地在内的所有生产要素的异质性可以被忽略的话,那么此类要素流动对于全球效率的提升是至关重要的。(尽管在长达三页的论述之后,他写道"所有要素的完全流动是不可能的,因为要素包括自然资源"。)赫克歇尔和俄林都认为,要素流动将会带来要素禀赋(以及价格)的高度一致性。这样一来,那些商品贸易所无法实现的就可以通过要素移动来实现。

当要素的内生性意味着可变供给的时候,情况就不一样了。开放贸易将会提升充裕要素的价格;如果供给方对此采取应对措施,这一要素将会变得更加充裕。因此,要素禀赋程度要比贸易开始之前更加迥异，尽管要素供给的反应无法扭转由于贸易带来的要素价格的变化。

俄林与国际宏观经济学

需要稍稍介绍一下哈佛学派[也称为陶西格学派或是弗兰德斯(1989)所称的“晚期古典经济学”]。俄林与这群学者的接触是重要的，同样重要的是他与这群学者的思想分歧。他们的比较优势理论(必须承认他们并不总是对该理论感到满意)在本质上是真实成本，如果不完全是劳动价值论。他们在此基础上增补了国际收支的古典价格-货币流动机制。然而，后者曾经被修正以适用于包含动态调整的货币过程：我们在陶西格的研究以及维纳、怀特和威廉等人以及一群自称背离安吉拉(Angell)的学者的论文中都可以看到此类论述。所有这些人都在某种程度上对货币机制表示关注，通过这种货币机制，资本流动会引起贸易变化。俄林反对他们关于比较优势的基本观点，但是他们对货币机制的解读可能构成俄林独创的“购买力”概念的基础。然而，他自己却将转移支付问题中对总供给与总需求相一致的重要性的认识归因于维克塞尔对他的影响(Ohlin,1972:166)。①

① 值得一提的是俄林对货币理论的兴趣早于他到哈佛的时间。1919年，在他20岁的时候，他发表了一篇长达48页的纪念大卫·戴维森的论文，文章名为“瑞典文献中的数量论”(Ohlin, 1919)。这立即使他在瑞典的经济学界出名并赢得尊重；一个同时期的人在表述他的影响时使用“极好的，令人晕倒的(stunning)”来形容。在这篇论文中俄林展现了其在经济学上非凡的成熟度。

俄林最伟大且最具有原创性的贡献是在国际货币理论以及宏观经济学领域。事实上，在《贸易理论》以及后来的《区际贸易与国际贸易》中，货币理论成为关于资本流动的讨论中的一部分内容，而资本流动又被作为要素流动的一个例子（尽管不是任意选择的）。事实上，在俄林的论述中并没有像在大多数著作或在大部分教科书中阐述的那样，将真实与名义、微观与宏观明确地区分开来，而是更多地融合在一起。将实物与货币分析相结合是基于(1)贸易以及(2)要素流动这两方面力量导致的要素价格均等化的趋势。要素流动包括资本流动，而资本的流动带来资本账户项下贸易平衡的调整。

由于他反对要素价格必然会完全均等化，俄林便可以讨论包括资本在内的要素流动的内生性问题。该问题的一个方面则是转移问题，即资本流动。然而他并没有将资本流动看作是在概念上区别于其他要素流动的一个特例：

> 所有这些都证实应该仔细研究资本流动对价格结构的影响。最初我们只考虑问题的一个方面：资本流动对价格机制的性质和功能的影响，而忽略其他方面，即变化了的资本供给对生产的影响。这样来区分问题是合理的，一来是为了简化，二来是区际资本和劳动力的流动对生产要素的供给具有相同的影响，但只有资本流动直接通过国际收支影响价格结构。

此外，他将资本流动区别于其他要素流动和需求变化的特殊性归结为资本的规模之大以及变化之迅速与无常。

事实上，在俄林看来有两种内生的资本流动。第一，由于资本在某一国的收益要高于另一国而导致的通常类型的资本流动，即一般意义上的要素流动。第二是内生于收支平衡表模型的资本流动，因为它们构成了商品贸易不平衡的资金来源。他所给出的例子包括由于歉收引起的贸易赤字，其产生的资本流动当然是内生性的。

> 如果该区域实行的是金本位制并且有良好的信誉，那么像这样的信贷流入是很容易获得的。即使是外汇汇率的小幅度上升也会引发货币投机和其他信贷业务的发生。也许贴现率将会上升以作为此类信贷流动的额外刺激。

在对资本流动及与其相伴随的数量调整的分析中，俄林真正的创新之处在于他的购买力概念，尽管在《区际贸易与国际贸易》一书中他将其归因于查尔斯·巴斯特布尔(Charles Bastable，1889)的贡献。在《贸易理论》一书中他并没有准确地定义购买力这一名词，直到《区际贸易与国际贸易》(1933：378)一书出版后。在该书中，他将这一名词定义为既是存量和流量的集合，也是货币与实物的集合：类似于国民产出净值外加海外借贷以及新发行的货币。

他将这一名词频繁地与人们所称的需求收入弹性相结合〔哈佛学派的一些人也这么认为。例如，怀特(White，1933)谈到了这一点并创造性地将其命名为“需求敏感度”〕。在俄林看来，这一概念既是总量层面同时也是产业层面的，前者指的是国外对本国出口商品需求的增加将会导致出口国享有购买能力的总体提升，而后者指的是一国内部相对价格的变化将会带来“购买力分布”的变化以及需求模式和需求结构的变化。

比最初冲击所带来的需求方面的变化更重要的是资本的转移。在这一情形中，资本接受国具有更多的购买能力，而资本输出国的购买能力将降低。关于转移支付的影响的分析需要区分固定汇率与浮动汇率。他比较了固定汇率下加拿大的情形以及浮动汇率下阿根廷的例子——两国在世纪之交的时候都是资本进口大国。上述两个情形在陶西格、维纳和威廉姆斯的论文中都得到过说明。每种情形的关键之处在于是否产生新的购买力。

通常认为俄林是一位凯恩斯主义者。俄林的确强调总支出作为调整收支平衡的部分机制的重要性，但是他与凯恩斯之间的相似性也仅限于此。他介于哈佛学派（晚期古典学派）和凯恩斯学派之间：根据哈佛学派的观点，货币数量的（购买力）变化导致价格变化，而这又是最终引起调整的根本（从这一点上来说，陶西格的门徒都属于古典立场）。对俄林来说，购买力变化将会导致支出的变化，而后者又引起需求和供给的变化，这又会使得价格变化不再是必要的，或者是弱化为实现调整所需要的价格变化的程度。如果支出变化足够微弱那么必然会有一些价格变化以实现调整，上述机制依旧是古典学派的。后凯恩斯主义的调整机制模型主要关注存在没有得到充分利用的资源情况下，固定价格和单一部门经济体中总产出的数量调整。这与俄林的资源充分利用且包含多部门的经济体的分析是不一样的。在俄林的模型中，调整取决于需求变化以及每一经济体内部多部门之间商品和要素的供给变化。

在包含对外贸易乘数的凯恩斯两部门模型中，如果所有的函数都是“运作良好”（well-behaved）的话，转移支付通常都影响不

大(undereffected)。梅兹勒(1942)表明转移支付的影响巨大,但是它隐含了至少一个国家在封闭状态下处于非稳定状态,也就是具有负的边际储蓄倾向。

在俄林的机制里,购买力(支出水平)的变化起着关键作用。但是由于缺乏国民总收入的乘数概念,他没有进一步深入探究反馈机制。此外,他也没有关注囤货,因为在他的古典模型中是没有囤货的。因此,他论述道:在不存在运输成本的情况下,所有商品都将是可贸易商品,而且任何转移支付都将会受到两国支出变化的影响。[①] 然而,他认为只要存在不可贸易商品,转移支付必然影响不大。

> 借款意味着加拿大(借款方)总体购买力上升,外国购买力下降。结果必然是加拿大对外国商品需求的增加和外国对加拿大出口产品的需求降低。因此,进口盈余在没有贸易条件变化的情况下也一样会出现。然而,进口盈余一定小于借款,这是因为新的需求不仅集中在国际商品还包括国内商品。

(此处,他忽略了边际进口倾向之和将为1,而转移支付将会受到影响这一明显的事实。)

---

① 用他自己的话来说,这是错误的,因为需求的模式(在边际层面)在两个国家并不一致,而且也没有理由认为接受国的需求增长与那些支付国需求的下降所释放出来的商品恰好一致。我们不得不认为,这仅仅是俄林的失误。无论如何,他对这个特例并没有多大兴趣和关注。

但故事并不是到此就结束了。转移支付和购买力的变化将会干扰部分商品市场的均衡，所以价格会发生变化。如果所有的替代性和弹性满足所有的变化最终诱发的可贸易商品价格变动为零，那么贸易条件可能会不受影响。然而，一般来说会存在一些部门价格的变化。俄林假设在国内供给和世界需求方面存在出口商品、进口商品和非贸易商品之间相互替代的情形：

> 问题在于是否存在这样一种力量，在允许适度的运费及相关类似费用的情况下，使贸易收支逆差正好与资本净流入相一致。……上述机制中没有任何证据表明其他人将会增加购买外国商品的数量恰好等于前面那些公司和个人购买的本地商品的数量。

他在这里重点提到加拿大，但是这并不影响他的如下观点：一般情况下调整过程将会是不完整的（在这一点上他与凯恩斯模型的共通之处要远多于其与古典机制的共通之处）。另一方面，在《区际贸易与国际贸易》一书中，我们却没有发现这方面的说明；相反，这似乎说明这一调整事实上是完整的。在书中，他将调整诉诸于其他因素：短期资本流动以及国内储蓄的变化。“好的商业环境将会增加英国的储蓄以及外国人对贷款的需求，而当外国资本投资需求较大时英国出口商品的需求将会更大”。然而，在最后他却采取了不可知论的立场，并引用了陶西格关于调整机制的著名的质疑：调整机制看上去似乎是如此平顺地发生（Ohlin，1933：453ff.）。

给俄林带来国际声誉的是他在《经济学杂志》上与凯恩斯开展的关于转移支付问题以及德国赔款问题的交锋（Ohlin，1972：1547）。他描绘了当他读到凯恩斯先生针对该问题的第一篇文章之后，他是如何立刻动笔撰文以回应的。他写该文章只用了5—6个小时，因为正如我们已经看到的，他对这一问题已经非常熟悉。凯恩斯观点（1929a，1929b，1929c）的核心在于：德国为了支付赔款将不得不创造出口盈余。但是，如果德国通过扩张其出口供给并减少进口需求来实现这一目的的话，贸易条件将会恶化。贸易条件的恶化有可能导致其出口收入保持不变，甚至是减少。即便是在赔款已支付的最乐观的情况下，真实工资的下降将会大大超过任何一个现代文明国度可以接受的程度。换句话说，赔款支付将很可能会（通过贸易条件效应）对德国产生两重负担，使得德国，即使不是不可能，也将更加难以偿付其债务。通过指出赔款带来的购买力从德国转移到了英国，俄林对上述凯恩斯的言论展开反驳（1929a，1929b）。俄林认为这一转移是否改变贸易条件取决于相对德国而言，作为接受方的英国如何使用这一转移。如果德国对本国可出口商品和对从英国进口商品的需求的减少恰好与英国对从德国进口的商品以及对本国可出口商品的需求的增加相互抵消的话，贸易条件将不会发生变化。而且，如果直接效应无法完全作用于购买力的转移，那么贸易条件的最终变化将会比凯恩斯模型所揭示的要小得多。这恰恰就是我们在《贸易理论》一书中发现的论点〔不可贸易商品和其他因素的引入所带来的其他影响随后由萨缪尔森（1952，1954，1971）进行了深入讨论〕。

《贸易理论》和《区际贸易与国际贸易》的比较

总体上说,《区际贸易与国际贸易》是《贸易理论》一书的扩展版。内容上的这种差异源自细节、事例以及说明性和支持性统计材料的扩充,同时还包括更多的思想史和经济史以及实证或历史方面的事例。方法论方面的论述不仅更全面地包含了一般均衡论的其他作者(除了卡塞尔之外,还有瓦尔拉斯、门格尔、杰文斯、马歇尔、克拉克、费舍尔、帕累托),同时还有更多关于方法论的概念及相关问题的讨论。

此外,两者在所强调的内容方面也存在差异。在《贸易理论》一书中俄林对革新和重构国际经济理论的想法并没有进行阐述。但在《区际贸易与国际贸易》一书中,他是这样说的(Ohlin, 1972: 152):(1)"正如我已经在1924年的论文中所做的尝试那样,我不止是想要用另一个与现代价格理论更契合的模型来替代此前被接受的传统模型,同时也是对国际资本流动和国际收支平衡理论的修正。为此,就需要强调国民收入的变化及确定每个国家'总购买力'的影响因素,而'总购买力'可能依赖于信贷政策和资本流动"。(2)"此外,我计划将国际贸易理论作为一个更通用的区域理论的部分来介绍"。(3)"我也想要解决更多在赫克歇尔先生的文章中提到和发现的细节和问题,也就是生产要素的国际流动和产品的国际流动之间是可以相互替代的"。(4)"一个更重要的目标是考虑此前被忽视的成本因素,这一因素与对国家间的劳动分工和商品交换构成影响的因素有关，如社会政策和法律、赋税制度、税收水平以及不同国家的政治风险等”。

这些评论对于俄林在宏观经济层面所做工作的强调是有益的。正如我们所注意到的，货币分析的核心在《贸易理论》一书中并没有得到详尽的论述，但是在《区际贸易与国际贸易》一书中得到了相当程度的补充，并且用许多细节对调整过程进行了详细论述。该书也提及对第三方国家的影响——这是一个重要的补充。在《贸易理论》一书中，对资本流入的调节很可能是不完整的。因为我们无法从《区际贸易与国际贸易》一书中找到类似的观点。

人们很容易推测，他于 1929 年在《经济学杂志》上与凯恩斯的交锋强化了俄林对这部分贡献的原创性和重要性的认知。这同样也解释了为何他在《区际贸易与国际贸易》一书中对哈佛学派的感谢要比在《贸易理论》一书中更加突出和慷慨。很明显，在对俄林发展其宏观理论的影响上，不论是赫克歇尔还是卡塞尔都没有哈佛学派更加深远。很可能，在那些中间期内，他对哈佛学派的重要性以及他自己所做工作的重要性的认知都有所提高。他对他的瑞典老师和美国朋友的不同礼遇也许是两本书“引言”部分不同语气的另一种解释。在《区际贸易与国际贸易》一书中，相对于微观理论部分的扩张而言，他对宏观部分的强调和扩展并不太详尽。

赫克歇尔和俄林与赫克歇尔-俄林理论

接受过赫克歇尔-俄林-萨缪尔森-琼斯传统理论的学生在阅读赫克歇尔和俄林的文献过程中一定会感到惊讶。在赫克歇尔-

俄林理论框架的四个基本定理之中,有明确解释的只有两条:H-O原理——一国会出口密集使用其充裕要素生产的产品并进口密集使用本国相对稀缺要素生产的产品。要素价格均等化定理也得到了清晰论述,只不过在理论层面和实证层面都遭到了反驳!不论是斯托尔帕-萨缪尔森定理(1941)还是罗布津斯基定理(1955)都没有阐述清楚,尽管俄林自己也意识到罗布津斯基定理本身是不言而喻的,正如俄林在《贸易理论》一书中所论述的那样:

> 如果生产中的稀缺要素增加,那么进口商品和准区域商品的国内生产条件将会得到改善,这样一来商品交换会减少。另一方面,如果充裕要素的供给增加,那么该要素的稀缺性将会进一步降低,而出口行业将会受到刺激,因为出口行业大量使用的恰是这些生产要素。

首先,人们会发现赫克歇尔和俄林的风格与后来的传统风格迥异。他们的经济理论是文字阐述,而现如今的H-O理论则是规范模型。俄林(正如我们上面所述那样)更关注于现实主义,并且在他的分析中所包含的现实世界要比标准的H-O模型来得多。这不仅意味着我们无法在他的文章中找到简洁且精致的2×2模型结构,同时也表明其论述因独特的风格而引人注目。他持续不断地探索一些新的限制条件。实际上,俄林论著的特质之一,就是这种事后不断思考、补充的能力和品质,尤其是在《贸易理论》一书中,这种特质体现得更为明显。作为译者,我们在本书中尝试尽量忠实于原文。俄林似乎是先撰写了部分文字,然后又想到另一个反对意见。之后便迫不及待地修订或是校正。尽管如此,他坚持认为只要有利于对问题的理解且可以逐步剥离的话,就有必要进行抽象化和简单化。

萨缪尔森和其他人从赫克歇尔和俄林的作品中提炼出了 2×2 模型,经过提炼和改善,将其作为国际贸易理论的核心,使得这一范例成为国际贸易理论发展的起始点。与此同时,后者的研究通过强调要素价格均等化的正式结果,在某种程度上给 H-O 理论范式带来了坏名声。正如我们知道的,只有当要素禀赋差异不太大时,才会发生部分学者所观察到且被大多数实证经验所证实的要素价格均等化结果。H-O 模型包含了这种可能性,但同样也与两国要素禀赋差异较大时的贸易所得和贸易带来的全球获益有关——俄林的观点更多地是放在了这一方面。

后来基于 2×2 模型的论著都对其进行了扩展和修订,这些扩展和修订经常是通过再一次引入某些元素来实现的,而这些元素恰恰是俄林认为构成有关现实世界的理论而不可或缺,从而不能进行抽象、简化的。下面则是一些例子。

标准 H-O 模型假定规模收益不变。俄林则认为规模经济是解释国际贸易的一个重要因素。实际上,他认为规模经济与要素禀赋差异是同等重要的,“地区间贸易的发生有两种原因:(1)生产要素的禀赋差异和(2)这些生产要素的有限可分性,即大规模生产的优势所在”。这就赋予了规模经济以平等地位,使其成为了贸易的一种独立起因。在不久之后,马修斯(1949—1950)和麦尔文(1969)正式对这一观点进行了模型化。琼斯(1968)对包含规模经济的 H-O 理论开展了一个全面的考察,但直到许久之后的赫尔普曼(1981)的一般化模型才将规模经济与产品异质性和垄断竞争共同作为贸易的起因以区别于要素禀赋差异。

在修订后的H-O模型中,通常假定商品在国际间是可流动的,而商品生产所需的要素则是不可流动的。在俄林看来,要素有限流动性是任何贸易理论的关键基础:

> 在完全流动性情况下,生产性要素的空间分布将会是完全无关紧要的。地区间贸易的发生将源于要素的不可分割性,即大规模生产的优势,但是这将是令人厌倦的。这种建立在追求生产规模化以及降低要素不可分割性所产生的劣势基础上的贸易就其本身而言是极其重要的,并且在一般价格理论中也进行了探讨。但是在此前所述的环境下,空间层面的考虑对价格体系没有任何影响。……正是生产要素的不完全流动性使得将价格理论扩展到交易的空间方面是非常有必要的。

在《贸易理论》一书中,他倾注大量精力用于分析不同程度的要素流动所具有的影响。坎普(1966)和琼斯(1967)最早认识到国际要素流动在H-O模型中的重要性,而国内要素不可流动性的重要性则是由琼斯(1971)认识到的。但是,直到受到格罗斯曼(1984)局部要素流动的影响才再一次得到重视。在H-O模型中,有一个问题是俄林花了大量时间想要解决(却还未解决)的。他对要素流动性的关注主要集中在资本的流动上,在这一层面上他主要考察相对于实物资本流动的金融资本的流动。将实物层面和货币层面的国际经济相统一的做法有悖于此后 H-O 理论回避货币层面的一般性做法。

除了要素的部分流动性问题之外，俄林感兴趣的是商品在国际间的流动性差异。出于分析的需要，他把商品分为“国内商品”（不可贸易且不受地区间竞争的影响）、“准地区间商品”（不可贸易但受到地区间竞争的影响）和“区际商品”（可贸易的）；之后他马上就注意到，许多商品无法被分成上述类别中的任何一个而且彼此之间的分界线界定的并不是十分清楚。不可贸易商品在宏观分析中扮演了一个重要的角色，但是在标准 H-O 模型中还并不是十分普遍，尽管小宫隆太郎（1967）、艾勒（1972）和琼斯（1974b）探索了包含该类商品情况下某些基本理论的稳健性。

标准 H-O 模型是静态的，而且假定同质要素的供给是固定不变的。俄林的观点则是动态和长期的。对他而言，基于如下几方面的原因，要素供给从根本上是内生的：资本和劳动力的国际间流动、资本形成、人口变化以及劳动力的跨部门转移。基于新古典增长理论的资本形成被鬼城（Oniki）和宇泽（Uzawa）（1965）引入 H-O 模型中，但其理论主体还是没有包含我们在俄林的著作中所发现的非稳态的动态（non-steady state dynamics）。通过上下文的分析，读者可能注意到，直到近些年国际贸易理论才开始真正超越《贸易理论》一书所提到的思想，并开始构建模型以把贸易作为增长的原因之一以及将增长和商品研发与贸易相联系（格罗斯曼和赫尔普曼，1991）。

相比于标准模型完全是静态分析的一般的赫克歇尔-俄林-萨缪尔森-琼斯模型而言，赫克歇尔更多地强调动态分析，而在这方面俄林则走得更远。所谓的“动态”指的是对冲击过后随时间的调整过程的研究和描述，这也正是俄林所指的。这一动态分析既不要求分析的起始点是均衡的，也不要求其终点必然是均衡的。实际上，俄林在《贸易理论》一书多次提到这一点，经济体受到持续性的冲击，而且对于某种冲击效应的分析在接下来的一个冲击的影响较前一种冲击的影响占支配地位之时就结束了。

俄林对动态分析颇感自豪，这可以在其去世不久前写的一封信中得到印证："……你们坚持将我的理论看作是一般均衡分析，而我却将其看作是对不同状态的比较，以及对从一个状态向另一个状态过渡的力量进行的解释。方程组和均衡仅仅是导言！[①]"他对动态的关注也许与他在哈佛的经历有关，因为陶西格为代表的那一群学者都强调调整的过程。然而，在去哈佛之前他的研究主旨基本上是不变的，我们推测这一定是包括了对赫克歇尔模型的动态介绍。他故意放宽了赫克歇尔模型的一些假设条件，其中之一就是忽视从一个状态转移到另一个状态的动态过程，赫克歇尔也清楚地认识到这一点（其他方面的假设条件还包括不考虑国际资本流动以及不考虑要素供给的反应）。[②]

在他关于动态过程的文字阐述中，俄林隐约地表达过对动态趋同（dynamic convergence）的信心：所谓动态趋同，就是指当代意义上的稳定性。在动态分析的宏观部分以及在"现实"贸易理论中，动态趋同性是正确的。如上文所述，他反复讨论在调整过程未结束

---

① 来自一封写给彼得·加里（Peter Gray）的信件。

② 俄林总是把大量的重心放在理论与事实的相关性上。显然赫克歇尔也认为这是重要的；在他的"序言"中，他赞扬俄林"把他的理论与现实状况和战时的问题相联系"。

之前新的冲击将强化原有冲击的影响，而且，动态过程经常是不对称的。例如，外国贷款的下降不一定必然是以前贷款增长的镜像。

接下去的段落即是对需求变化导致的调整过程的讨论。这一段落是反映俄林动态分析特征的众多类似分析的例子之一。从其对调整过程是随时间依次发生的强调来看，俄林的这一观点完全是具有动态性的。

> 总的来说，A地区出口最初的增加（那些需求上升了的出口商品）最终将被平衡，一方面通过A地区购买力上升导致的对"区域内商品"需求的增加，即第二个阶段；另一方面，通过购买力上升导致的该地区"区内商品"价格的上升，而价格的变化改变了需求和生产，即第三阶段。

他在《贸易理论》一书中对古典经济理论的批判，清楚地表明他认识到了将动态性纳入考虑这一贡献的重要性。在该书中，他从根本上声称自己的这一新古典理论完全不同于古典理论的静态分析特征。

> 另一个不同是由于它关于流动性的特殊假定，导致古典理论在根本上是关于均衡的研究（论文的第一部分）。在第二部分的讨论是针对过程的描述，虽然由于各种原因有时候只是其中一两个阶段得到了论述。

俄林的出众之处并不在于相对于以他名字命名的模型而言他

更具“现实主义”，而在于他的分析风格的确很不一般，以及将那些他所认为的核心要素逐渐引入赫克歇尔-俄林模型中，尽管这些要素并没有在教科书中得以呈现。俄林与赫克歇尔-俄林-萨缪尔森-琼斯范例最大的不同可能是关于技术和专业化分工的假定方面。俄林对规模经济和国际化分工二者重要性的重视直到 20 世纪 80 年代“新贸易理论”的出现才得到认真对待。

在《区际贸易和国际贸易》一书修订版中，俄林把他对“当代国际贸易理论的反思”包囊于内。在该书中，他对“建模狂热（model mania）”提出了温和的批判（1967：319），同时也对简单化进行了维护：“不论如何，与一般价格体系相关的方程组都是笨拙的手段。他们必须由那些更简单且更容易被具体事例和发展问题所利用的模型进行补充。”（Ohlin，1967：308）。

就如有人习惯使用左手，而有人却习惯使用右手那样，他认为 2×2 模型在某些情形是可接受的，而在其他例子中则是过于简单化的。他强烈地认为，生产函数一致性假设应该被作为一个有价值的理论构建工具。但在应对国际转移支付的问题时，他认为假定只有两个国家的做法将会导致需求弹性被低估。

总　　结

伊·菲·赫克歇尔和贝蒂·俄林彻底改革了国际贸易理论。他们重塑了一般均衡国际贸易理论并使其与新古典经济学相一致。比起未经说明的地理层面上的生产率差异，他们提出了关于比较成本的国际差别的更加一般性的解释。

这一理论就其本身及其对国际贸易领域的影响而言是非常有意义的。同时,这一理论的重要性还在于国际贸易在这几年已经为经济学领域带来了分析创新和理论创新。因为国际贸易理论和一般均衡理论之间的密切联系,贸易理论将一般均衡分析注入了经济学。提供曲线和转换函数(生产可能性曲线)即是两个例子;早期关于关税和出口税收影响的分析随后被推广到公共财政学的诸多定理当中;"要素密集度逆转"这一名词在成为国际贸易理论学者众所周知的名词之后再一次在文献中被重新发现。

在本篇中,我们已经表明俄林在贸易理论上的真正贡献是他对国际贸易理论展开了详细的描述、扩展及宣传。这一理论的诸多核心要素是赫克歇尔所没有涉及的。但我们完全有理由相信,赫克歇尔对于这一分析范式的贡献是不可磨灭的。

人们可能会猜测,如果俄林在1924年时就用英文发表《贸易理论》一书的话,由《区际贸易和国际贸易》一书所引发的国际经济学革命可能会向前推进五六年。同时,如果赫克歇尔意识到他在国际贸易的起因和影响方面才华横溢的洞察力,并在英文期刊而不是在《经济学杂志》期刊上发表其论文的话,这一革命可能又将会向前推进五六年。[①]

① 实际上早在1922年,在卡塞尔的建议下俄林曾试着发表其学位论文的早期版本。他把手稿寄给埃奇沃斯,也就是当时《经济学杂志》的编辑,而埃奇沃斯把它转发给副主编凯恩斯。凯恩斯在给埃奇沃斯的回复中写道:"我认为这个没有什么意义而且应该拒绝它。"而这个回复无意中随手稿一起转给了俄林并被他保存了下来。更多细节请参看Steiger(1981)。他的代表作《区际贸易和国际贸易》的部分手稿曾被翻译成德文并于1931年发表在《国民经济学》(*Zeitschrift fur Nationalolonomie*)期刊上(见Ohlin,1931)。

如果说在贸易纯理论领域中俄林所获得的声誉多于其所应得的话，那么他在宏观经济领域所应得到的赞誉显然是不足的。他在这一领域的思想完全是原创性的。就宏观经济问题与购买力的特殊概念问题，他有些许的困惑，但他先于凯恩斯的追随者们提出了收支平衡的调整和转移支付问题，同时保留了早期凯恩斯模型所忽视的货币复杂性。

对外贸易对收入分配的影响

伊·菲·赫克歇尔

英文版译者注

赫克歇尔的文章最早由阿格尼特·卡拉克(Agnete Kalckar)和她已故的丈夫斯文德·劳尔森(Svend Laursen)教授翻译成英文。该英文版发表于霍华德·S.埃利斯(Howard S. Ellis)和劳埃德·A.梅茨勒(Lloyd A. Metzler)(1949)主编的《国际贸易理论文献选读》一书中,并附有赫克歇尔所写的"引言"。我们将该"引言"未作任何修订一并放入本书。

当前的这个版本是哈里·弗拉姆(Harry Flam)与琼·弗兰德斯(M.June Flanders)在上述第一版的基础上修订与更正后得到的。第一版译文中未曾翻译的部分也在本次得到了增补。我们感谢玛丽亚·吉尔(Maria Gil)、辛迪·米勒(Cindy Miller)和斯特拉·培德(Stella Padeh)在文字录入和编辑排版方面的贡献。

对外贸易对收入分配的影响

伊・菲・赫克歇尔

引　　言

承蒙本书编辑的厚爱，当他们征求本人的许可将本人于1919年在瑞典的《经济评论》[①]上发表的这篇文章放入这本关于国际贸易的重印文集之时，我很清楚，如果此类重印版的刊行实属必要的话，必然是由于该文对于国际贸易理论领域的思想发展所起的作用。

正如开篇所述，本文源自克努特・维克塞尔(Knut Wicksell)先生对本人早期文稿的批评意见。直到其于1926年逝世，维克塞尔先生对于年轻一代的瑞典学者有着极大影响——尤其是在第一次世界大战后期和第二次世界大战期间。然而，这并不意味着维克塞尔先生对于本人的国际贸易理论分析方法非褒即贬，我的这些方法与其思想是相左的。我的学生贝蒂・俄林(Bertil Ohlin)延续我的思路并将其完善，尤其是通过古斯塔夫・卡塞尔

① 第一次发表于《经济评论》(*Ekonomisk Tidskrift*)，Vol.21，1919，497—512。

(Gustav Cassel)曾采取的方式对瓦尔拉斯价格理论的运用。俄林的研究成果首次出版是其用瑞典语写就的博士论文《贸易理论》(*Handelns Teori*,1924)。此后,这一成果以更加完整的形式出现在著名的哈佛大学经济学系列书籍《区际贸易与国际贸易》(*Interregional and International Trade*,1933)一书中。在我看来,正如此次重印版的文稿所示,原有的处理方法并没有比俄林的这两本书包含更多的价值,因为这两本书修正了早期处理方法中的许多谬误之处。而且,更为重要的是,它将这一理论与两次世界大战期间的现实状况和问题相联系。然而,这并不能否认我作为将国际贸易与收入分配,甚至是与生产要素价格相结合的先驱学者之一的事实。

事隔三十多年后,如果要按照我对贸易问题及其最佳处理方法的现有观点来重写我的文章,那么结论将会与我此前的文字大相径庭。但是,我既没时间也无意向开展这一工作。我依旧坚持我的观点:我的处理方式是良好的。

斯文德·劳尔森教授非常友善且不胜其扰地将我的瑞典语论文翻译成英文,我对她的工作表示衷心的感谢。

伊·菲·赫克歇尔

下文所述缘起于维克塞尔教授一年前就本人所著《瑞典的生产问题》(*Swedish Production Problem*)一书所写的评论。[①] 尽管

① 出自周刊 *Forum*, 1919, nos.2 and 3。

我和维克塞尔先生至少在一个关键点上得出了不同的结论，然而，我非常受益于来自他的各种批评——不仅限于他在评论中提出的意见。然而，过分严格地遵循维克塞尔教授的论文并非我本意，因为于我而言，以一种更加一般化的形式对这一问题开展讨论将会更有成效。该话题的重要性以及理论界到目前为止出人意料地对其鲜有关注，将使得该话题的理论化研究尤其意义重大且同样令人着迷。完全有可能比原有方式更全面地对国际贸易的本质及其影响加以解释。然而，由于这一话题不仅研究起来困难重重且涉及面较广，本文仅仅是对此话题首次开展纯理论层面的描述。如果下文所述能够启发其他人并使其延续对这一话题的研究，那么我的目的就算是达到了，即使事实证明我可能在某些方面存在谬误之处——这种可能性是绝对无法杜绝的。

假设条件[①]

国际贸易对于收入分配的影响，在很多方面都与其对国民总收入的影响密切相关。因此，有必要对后者加以考虑。另一方面，在给定初始收入分配的条件下，将贸易对收入分配的影响作为一个整体进行思考是有意义的。本节不应该被看作是国际贸易对国民收入影响的全景概括，它仅仅是构成后续内容和结论的一个基础。

① 为了方便阅读，本文各部分标题为译者加注。

如下假设构成了全文讨论的基础。不考虑国际贸易引起的生产要素的性质变化（动态变化），也不考虑从封闭向贸易过渡过程中的困难引起的紊乱。同时，同样不考虑某一特定国家通过改变某一个特定商品的供需关系从而让外国人支付全部或部分关税来实施贸易保护所能获取的优势。由于这一问题曾得到如此广泛的讨论，而且由于它与眼下的行文无关，似乎没有必要在这里讨论。因为一单位货币总是对应于相同的商品数量，货币的价值被假定为是固定不变的。尽管这种做法并不是十分精确，但是就当前的目的而言已经足够了。

更加重要的是需要强调说明的两个假设。这两个假设仅仅在对于篇首部分的论述而*非*全文有效。首先，选定某种计价物品（*numeraire*）作为度量单位，同时国民收入的度量以该计价物品的数量所表示的市场价值为标准而不论不同个体的主观价值差异。当后文谈及收入分配的时候，很显然这一假设将会被放松。第二个假设则构成了被广为接受的国际贸易理论的基础，正如首次由李嘉图界定的那样：一国生产要素的数量是既定不变的。放松上述假设所带来的所有重要影响将在下文进行阐述。

如果遵循*所有*上述假设，由交易的本质可得，贸易将带来欲望的最大化满足或者国民收入的最大化。只有在交换为交易者带来比没有开展交换之前更高的收益时，交易才会得以达成或延续。这与李斯特的观点完全一致，因为他对“古典学派”的批评是直接针对动态要素的。然而，不论以怎样简明的方式，都必须对这一命题进行阐述。

如果一个国家可以生产某些差异化商品，但是通过交易使所能获得的某些商品的可能性增加，该国便没有理由改变经济系统，除非总体满足程度因此而改善。这种总满足程度的改进一定会实现，只要“比较成本”定理适用：相比较于直接生产本国所需要的物品，通过可用于交换该物品的另一种商品的生产这一间接方式可以更容易地实现需求满足。例如，如果一国通过生产超过其本国需要的木浆并将其出口，可以比自己生产小麦更加容易地获取既定数量的小麦时，该国的消费数量将有所提升，要么是在其他商品消费数量没有减少的情况下实现更多的小麦消费，要么是在小麦消费数量不变的情况下得到更多的其他商品。换句话说，小麦和其他商品的消费都可能有所增加。如果此前用于小麦生产的生产要素此时用于新的出口物品的生产，这样便能消费更多的小麦。如果消费者并不想要这些额外的小麦，那么部分生产要素将可以用于生产原本无法生产的其他商品。最后，还有一种介于这两种情形之间的可能性，那就是小麦的数量有一定的增加同时有些投入品被用于生产更多的其他商品。

唯一令人困惑的一种情形是由于需求的变化使国际贸易导致某些商品消费量下降。在上文给出的例子中，以更低成本获得小麦可能会减少人们对某些其他类别食品的消费。在这一情形下，相比较于其他商品需求增加的情形，很难找到一般性的方法来度量某些商品的价值下降相较于其他商品价值上升的比率。然而，也无须精确的数值，因为这一情形只有在获利的情况下才存在。而且，如果将贸易条件的变化用作一种度量的话，不难发现，对作为一个整体的国家而言，上述讨论的各种可能性全都是有益处的。[①]

贸易对要素价格的影响

我们关心的并不是国际贸易对国家收入的影响，而是对收入分配，更确切地说是对各类生产要素价格的影响。

以这种方式来阐述这一问题是为了表明，我们关注的主要是土地、资本和劳动力之间的收入分配。分配问题的另一端，亦即要素和收入在个体之间的配置，都被忽略了，因为国际贸易几乎不被认为与此类分配有关。在下文的论述中，我们假设生产要素在不同个体之间的分配方式是既定的。由于这一分配并不是一成不变的，所以生产要素相对价格的变化将会改变个体之间的收入分配。在收入并不是均等分配的社会里，做这种假设是很自然的。然而，我们之所以对此加以说明，是因为古典国际贸易理论似乎采取的是与之相对立的观点。

因此，我们的首要目的就是考察国际贸易对生产要素价格的

① 哲学家科赫(F. von Koch)的文章《自由贸易和保护的理论》,《经济评论》,1918,第二部分,第 73 页。对这一点的疑惑主要是由西奇威克在其《政治经济学原理》一书中的例子引起的(London, 1887,第 496 页)。这一困惑并不是因为该例子中有什么错误之处,而仅仅是由于其表述方式。在表述过程中,这一主题的不同侧面得到了说明,但是却没有讨论不同侧面与结果之间的关系。西奇威克的结论——在该国生活的人民的总财富可能会由于此类变化而减少——完全取决于他的如下假设:这一变化导致的被挤出的生产者群体向外迁徙或者由于饥饿而死去……不论是其追随者还是批评者都忽略了这一点。换句话说,不论是赞同还是反对西奇威克观点的人都没有注意到这一点。恰是由于这一特殊假设,西奇威克的证明过程并不在本文所讨论的框架范围内。

影响。这一问题显然会引领我们去考察一些国际贸易理论的根本性问题。这些问题中,最重要的是*国家间比较成本差异的原因*。到目前为止,学术界对李嘉图国际贸易理论中这一基础问题的研究鲜有关注,这真是令人费解。如果放弃李嘉图对要素不可流动性的假设的话,要素价格对于要素流动具有重要影响将会是显然的。然而,我们将会从保留李嘉图不可流动性的假设开始,并在此基础上考察比较成本差异的原因。

如果我们一开始就假设两个国家或所有国家具有相同的要素相对稀缺性,那么在两个国家具有相同效率的前提下,最自然的做法就是假设两国在所有生产部门都使用相同技术。唯一可能的例外则是绝对市场规模的差异,这种差异将可能会导致生产规模的差异并因而导致技术差异。我们将在后面考虑这种可能性。如果就眼下的分析而言,这种规模差异可以被忽略的话,那么两国由于生产要素相对稀缺性以及生产技术的相同将会使得所有商品具有相同的比较成本。由于两国生产要素的相对价格相同,一个国家使用一种要素来替代另一种要素而另一个国家不这么做就是不可能的。而且,由于每种商品生产中所使用的生产要素的比例在两个国家都相同,同时要素的相对价格也相同,一个国家每种商品的比较成本不可能与另一个国家相应的比较成本存在差异。因此,国家间的贸易将不会发生。我们分别用 ℓ,c 和 w 来表示土地、资本和劳动的价格。如果我们假定两国的 $\ell = c = w$,很显然,原有给定的生产要素数量将在每个国家生产相同数量的产出,而不论这些要素是直接用于生产商品还是间接地用于与另一个国家的交换。例如,如果某种商品的单位产出需要 $\ell + c + w$,而另

一种商品的单位产出需要 $\ell + 10c + 20w$，而且 $\ell = c = w$ 的假设在两个国家仍旧适用，那么两种商品的价值比率在两国都将会是 3∶31。在不存在运输成本的情况下，国家之间的商品交换既不会有收益也无损失。如果存在运输成本的话，则显然是不可能发生国家间贸易的，因为这种交换将会导致损失。[①]

因而，国家之间生产要素相对稀缺性的差异将会是比较成本差异以及国际贸易的必要条件。另一个条件则是，在两个商品的生产过程中，生产要素组合的比例存在差异。如果第二个条件不成立，不论要素相对价格的差异如何，两种商品的相对价格在所有国家将是相同的。

因此，国际贸易得以发生的先决条件可以归纳为相对稀缺性的差异，即生产要素在贸易国家间的相对价格差异，以及不同商品生产过程中生产要素组合比例的差异。第二个条件是关于生产条件的，而且并不需要进一步论述，尽管要牢记：即使这一条件没有得到满足也能够解释为何没有发生某些商品的贸易。另一方面，第一个条件的成立与否却至关重要。在这里需要强调的是，"生产要素"这一术语并不仅仅指代土地、资本和劳动的广义分类，同时还与这些要素的不同质量有关。因此，生产要素的种类在现实中是无限的。国际贸易可能是由于一国相比于另一国具有更肥沃的土地，或者是更富技能的人口，又可能是两国在一般意义上的土地或工人的数量上不一致。只有在谈及资本或者是储蓄的时候，质

① 下文将会表明，当比较成本一样时，国家间的贸易将依然会存在。而且，事实上贸易可能会导致相对成本的均等。

量差异的问题才不会出现。但是,本文自始至终要牢记的是,在比较不同国家的同种生产要素时,我们总是针对同种质量的要素的价格。至于为什么某一国家的工人要比另一国不那么高效的工人获得更高收入的问题几乎不需要详细解释。然而有意思的是,在国际贸易政策层面上,我们会看到此类问题被频繁地讨论。

数值例子

为了研究国际贸易对生产要素价格结构的影响,有必要复习贸易的一些基本原理。

如果假定出口品价值与进口品价值相等,那么我们的讨论可以从出口开始,也可以从进口开始,两者都不影响最终结果。出口的增加将会减少用于国内市场生产的某些要素的数量。另一方面,进口作为出口的一种支付方式,它使得国内市场可以获得那些此前曾被用于生产现今进口商品所使用的生产要素。[①] 国际贸易因此令一些生产要素的相对稀缺性发生变化。

很显然,摆在我们面前的问题是这种要素稀缺性的变化是否导致均衡又或者是破坏原有的均衡。

为了回答这些关键问题,我们需要假设不论是国内生产的商品还是对其构成替代的进口商品,二者都是相同的。这样一来,国际贸易无法实现不同类型商品之间的相互替代。唯一的替代可能

① 无须解释,进口和出口包含所有来自或者是输往国外的服务。但是需要指出的是,在这里只涉及基本问题的讨论,而不考虑信贷的扩张和实际资本的转移支付。

则是发生在外国生产的同种商品对本国生产的同种商品的替代。在这一点上前一章末尾得到的结论就是适用的。为使国际贸易发生,进口品和出口品必然在两国之间存在比较成本的差异,并且根据第二部分的论述,这意味着两种商品生产过程中所使用的要素相对数量的差异。由于进口商品与其所替代的国内商品具有完全相同的质量,因此那些由于出口而导致稀缺性增加的要素必然与那些由于进口而导致其稀缺性降低的要素不同。因此,国家作为整体,其生产要素相对稀缺性就发生了变化。

在开展进一步的论述之前,有必要关注一项不言自明的假设,尤其是由于这一假设的有效性可能会使结果发生变化。这个假设就是,不同国家对于生产既定商品有着相同的技术。即使生产要素相对价格在贸易国之间是相同的,但是依旧存在一种可能性——此前曾经提到过这种可能性,那就是企业规模的差异将会导致技术的差异。但是,将国家间生产要素相对价格不同这一假设条件作为起点来分析将是更有趣的,这一条件此前被认为是国际贸易得以发生的必要条件。生产要素之间相互替代的可能性将会带来国家之间技术差异的可能性。在这种情形下,进口商品按照不同于进口国生产该商品所使用的生产要素比例开展生产。这样一来,就存在这样一种可能性(即使是很偶然才会发生)进口商品将在进口国释放出与出口商品完全相同的要素比例。在这种情况下,国际贸易将不会带来进口国生产要素相对稀缺性的变化,即使它有可能给其他国家带来完全相反的结果。要使得这一结果得以发生,需要具备另外两个条件:(1)技术层面上不存在要素替代的可能性;(2)经济层面上也不存在要素替代的可能性。如果替代

关系以二者中任何一种方式发生，上文所论述的交易将会变得不可能。

上文所述可以通过一个数值例子得到说明。假设任意选定某种特定数量的两种商品（纺织品和机器）可以使用相同的生产要素进行生产，即 $\ell+2c+3w$。进一步假设要素相对价格在本国（C）是 $\ell=c=2w$，在外国（F）为 $2\ell=c=3w$。为了确定两国商品货币价格和成本的绝对水平，设定 C 国资本价格为 $c=1p$，而 F 国的资本价格为 $c=3q$。那么土地和劳动力的价格 ℓ 和 w 可根据前述比例得到，并且国家 C 两种商品的成本都将为 4.5p，而 F 国的成本则是 10.5q。我们接下来可以假设在机器而不是纺织品的生产过程中，可以使用 2 单位的劳动替代 1 单位的资本。这种替代关系在 F 国显然是有利可图的，因为在该国一单位资本的价格是一单位劳动的三倍。而且如果假定在机器生产过程中，所需资本的一半数量可以通过劳动要素来代替，相比较于要素替代发生之前的成本 10.5q，F 国一单位机器的生产成本将会是 $\ell+c+5w=9.5q$。由于 F 国的纺织品价格依旧为 10.5q，机器和纺织品相对价格将变为 9.5∶10.5。[①] 如果纺织品也发生类似的要素替代，比较成本将保持不变。对于此处所举的数值而言，国家 C 不存在发生替代的动机，但是在其他价格比率情况下（比如 $\ell=c=w$），如果在技术上可行的话，发生与 F 国相反方向的要素替代则会是有利可图的。但是如果没有其他要素替代的可能，那么根据比较

① 这种替代毫无疑问将提升劳动价格并使资本价格下降，并因而一定程度上改变本例中的数值结果，但是在这里讨论这一细微的改良是没有什么特别意义的。

优势原理，机器将会从 F 国向 C 国出口，而 C 国将会出口纺织品到 F 国。这种交易改变了 F 国生产要素的相对稀缺性并因而改变了要素的相对价格，但 C 国却没有发生改变。国家 C 部分地或者是完全地削减其机器的产量，因此所释放出来的生产要素与该国纺织品的新增出口所使用的要素比例相同。另一方面，国家 F 将会完全或者是部分地减少其纺织品的产量，在这个过程中所释放出来的资本将会多于新的机器出口所需要的资本数量，而所释放出的劳动则会少于所需要的数量。因此，国家 F 而不是国家 C 的收入分配发生了变化。

如果上述例子是正确的话，那么它就表明了对国际贸易的效果开展预测将是困难的。读者可能会觉得这一假设是相当不合理，而且基于此假设条件得到的结论也是相对不那么有趣的。我的观点是：这一假设是不合情理的，主要是由于其所设定的根本性的先决条件，即出口和进口商品中具有相同的要素比例，这个假设条件只在很巧合的情况下才会发生。这一假设条件的不合理性就第一种可能性而言同样成立，那就是企业规模差异带来的技术差异。

但是这并不意味着上述例子是无意义的。相反，这一例子的作用就在于它提供了一种反例。如果这种情形是微不足道的，但是这一证明过程是正确的，那么我们就已经得到一个非常重要的结论，那就是国际贸易在绝大多数情况下将会改变收入分配。

因此，似乎有必要改变上述讨论中的潜在假设并考察其结论。在此前的所有讨论中，国际贸易被简单地假定为用国外生产的同类商品来替代国内生产的商品。问题是，如果我们假设相反的情形——即进口商品与其所替代的国内商品并不相同，那么国际贸易是否会影响收入分配。

这种情形下可能会对收入分配构成影响，实际上比前一种情形下更有可能。但是，其结果——至少在长期过程中——却并不是如一般情形下的那样。例如，用国外生产的进口棉纺织品来替代国内生产的棉纺织品不再是一个问题；在新的假设条件下，我们可能会认为进口棉纺织品替代的是国内生产的羊毛纺织品。[①] 这就会导致一个完全不同且全新的结果。我们知道，进口商品（棉纺织品）与出口商品（机械）有着不同的生产要素比例。然而，如果棉纺织品这类进口商品替代的是不同的国内商品——如羊毛纺织品，那么就有可能出现此种情形：国内现在停止生产的商品（羊毛纺织品）原先所使用的土地、资本和劳动力很可能与出口商品机械有着相同的比例。

毫无疑问，这一新的交易方式的直接影响将是那些完全或部分地与国内现在多余的产业相关联的生产要素的过剩。因此，该国此时将有可能出口那些原先在国内市场上出售的不被需要的商品。例如，考虑某个在封闭状态下只使用羊毛纺织品的国家。如果该国现在有进口棉纺织品的机会，那么此前用于羊毛纺织品生产的绵羊饲养将有可能用于羊毛的出口。

至于是否可以假设这种直接影响会持续存在则完全是另一个问题。为了使羊毛能够继续出口或者使其他与养羊业有着相同要

① 下文将表明，进口商品实际上并不需要代替任何的国内产出。进口不需要令国内产出变得冗余，但是为了避免将这一问题复杂化，当下的讨论将忽视这一可能性。

素相对重要性的行业能够发展出口，一国必须在由国际贸易导致萎缩的行业中使用高于平均水平的该种生产要素。然而，尽管这一条件有可能成立，但是这一结果却是不确定的甚至是不可能的。更一般地说，在封闭状态下，导致生产要素按照原有的方式并以原有的相对价格得以使用的是需求的特定条件。所以，很有可能是变化了的新需求将会改变要素的相对稀缺性以及要素的相对价格。换句话说，很有可能是贸易开展之前的需求状况导致某些生产要素的极度稀缺。在上文谈到的例子中，羊的饲养很有可能是由于对纺织原料（也许还有对羊肉和羊皮）的普遍需求，而不是消费者选择羊毛纺织品是由于该国拥有适合绵羊饲养的大量牧场。而且，即使后一种情形的确对于消费者对羊毛纺织品的选择具有一定影响，它也仅仅表明一国内部的生产条件将影响生产纺织品的原材料的选择。至少它并不表明随着国际贸易的开展，羊群的饲养要比铸造钢铁或者是锯木更加有利可图。对于后一种情形的分析涉及如何决定对出口行业的选择问题。

剩下的就只是考察贸易释放出来的生产要素的反应。这一资源的释放是很自然就会发生的，它构成了贸易得以发生的收益所在。对于这些被释放出来的要素的分配，以及由于要素相对价格被改变而带来的经济系统的变化，都会至少部分地反作用于价格的初始变化。第二层面的反应并不会完全消除价格变化，因为后者是前者的结果。

如果上述论述正确的话，收入分配的变化将必然被认为是国际贸易扩张或者是萎缩的正常后果。

贸易影响收入分配的方向和程度

在确立了国际贸易对于收入分配确实存在影响之后，我们接下来就必须探讨这一再分配的方向和程度。

我们可以看到，要使得所有国家在所有条件下的收入分配都以相同的方向发生变化是不可能的。例如，国际贸易不太可能会带来全球范围利率的增加或者是工资率的上升。国际贸易在绝大多数情况下，如同一般意义上的交易一样，即使是令双方都获益，但是其对参与双方的影响也是彼此相反的。因此，就某一个方向上的相同变化是不可能的。核心问题是，在什么样的情况下以及在怎样的程度上，*国际贸易会使国家之间的要素稀缺性以及要素价格都实现均*等。很显然，这是一个关乎贸易是否存在这样一种趋势，使得不同国家出现彼此相类似的经济条件的问题。

当一个国家从封闭状态向国际贸易转变，其影响部分取决于生产要素的流动性。李嘉图和埃奇沃斯(Edgeworth)都假设要素完全不具有流动性。在发表于《经济杂志》(1894)的关于国际贸易理论的著名论文中，埃奇沃斯说道，国际贸易意味着不可流动的生产要素的交换。我不想在这里讨论他的这一假设是否是符合现实的。很显然，这很大程度上取决于具体情形。一般来说，这一假设对于资本而言看起来是部分有效的，对于劳动要素更显如此，并普遍适用于土地要素。国际贸易理论中关于不可流动性的假设及其与现实之间(值得争议的)关系的重要性，使得有必要在当前的讨论中同时考虑流动性与非流动性生产要素。

最初，生产要素可以被认为在国家之间完全不可流动。接着我们将假设一国内部要素数量是给定的且不发生变化，这样国内要素供给就不会受其价格的影响。

上文中我们已经看到，在所有国家具有相同生产技术的前提下，要素相对稀缺性的差异以及不同商品具有不同要素比例对于国际贸易的扩张而言是必要条件。那么现在摆在面前的问题就是，要素相对价格的差异是否构成国际交换的充分条件。换句话说，要素相对价格的所有差异是否都会导致贸易扩张？

如果生产技术在所有国家都是相同的，这一问题的答案就是肯定的。生产要素相对价格的任一差异都会使得用一种相对稀缺要素密集的商品去交换另一种相对充裕要素密集的商品的贸易有利可图的。因此，贸易必然会持续扩张，直到生产要素在国家间的相对稀缺性趋于一致。只要要素相对稀缺性在两国之间不一致，贸易就会持续扩张。作为均等化条件的国际贸易将会持续开展但是并不会发生过度扩张。因此，可以认为国家之间相对成本的差异将会创造贸易，但是这种差异并不是业已存在的贸易得以持续的必要条件。另一方面，随着贸易的扩张，比较成本的差异将不可避免地被消除。如果生产技术在各个贸易国之间是相同的，那么即使是在缺乏此类要素流动性的情况下，要素相对价格的差异也仍然会消除。在进行总结和列举存在的局限性之前，需要对上文所述的命题用如下例子来说明。

假设国家 C 和国家 F 之间的交易已经发生，且使得要素相对价格发生部分均等化。最初：

国家 C $\ell = c = w = 1p$

国家 F $\ell = 3c = 4w = 3q$ (1)

开展贸易之后：

国家 C $\ell = 1.5c = 2w = 1p$

国家 F $\ell = 2c = 3w = 3q$ (2)

进一步假设就纺织品（译者：原文为肉，疑英文译文有误）和机械这两种商品而言，在两国的生产成本分别是 $\ell + c + w$ 和 $\ell + 4c + 5w$。很显然，国家 C 将会生产纺织品，因为该商品的生产需要相对较少的 c 和 w，这两种要素在国家 C 相对较为昂贵。出于相反的原因，国家 F 将会生产机械。随着国家 C 减少机械的产量以更多地生产纺织品，该国资本和劳动的相对稀缺性将会下降。另一方面，在国家 F，机械产量的扩张将会提升资本和劳动的相对稀缺性。因此，要素相对价格将会如上面的算式（2）那样发生变化。然而，在这一例子中，均等化并不会停止，因为就算式（2）所表示的相对价格而言，两个国家进一步开展国际贸易依旧是有利可图的。双方的交易会持续进行，直到实现完全均等化。如果在均等化实现之前对初始商品的需求就已经停止，只要存在其他要素密集度不同的商品类别，结果就会是一样的。

在这里无须再次提醒的是，运输成本和其他贸易壁垒将会限制这种均等化。

在所有国家生产技术相同以及要素供给固定的条件下，我们已经论证了，除了一些不太重要的例外情形，国际贸易的最终影响将会是要素*相对*价格的均等化。接下来，我们要讨论的则是这种均等化是否同时也是*绝对*意义上的，即对具有相同质量的生产要素而言，工资率、租金率以及利率是否会在所有贸易国之间*具有*相同的真实收益。到目前为止，这一命题并没有被阐述，但它是贸易不可避免的结果。

普遍认可的解释是这样的：假设给定某一生产要素——土地，用其生产的产品——小麦可用于出口。在均衡状态下，这一要素通过贸易从另一国获得的商品（纺织品）的数量必然与后者国家中同种生产要素（土地）所能获得的同种商品（纺织品）的数量相等，反之亦然。小麦的消费者将会支付相同的数额，不论他们消费的小麦是在国内生产还是从国外进口的，而对于纺织品的购买者而言上述逻辑也成立。很显然，在国内市场上出售的商品必然具有相同的价格，不论该商品是否是进口品。因此，如果不考虑运输成本的话，两个国家的小麦价格和纺织品价格必然相同。然而，更为重要的结论是，在相同技术和相同商品价格的条件下，生产要素的绝对收益也必然相等。由于对两个国家而言，一种商品的价格是 $\ell + c + w$，另一种商品的价格是 $\ell + 3c + 4w$，而第三种商品的价格是 $\ell + (1/2)c + 15w$ 等等，那么 ℓ，c 和 w 在两个国家就必然具有相同的价值。

上述观点完全建立在如下假设条件下：两个国家生产技术相同。上述结论的真正意义只有当我们认真考虑这一假设条件的时候才会显现。

很显然，两个国家具有相同的给定技术意味着生产要素的相互替代不可能只在一国发生而在另一国不发生。但是，我们知道国际贸易以相反的方向改变了两个贸易国的相对要素密集度，因而在任何一国内部发生的要素替代将在另一个国家以相反的方式发生。因此，两国的要素替代将会导致技术差异。在此前的讨论中忽略了这种替代。或许，假定生产要素比例固定不变最重要的结果就是，国际贸易将会使某种或多种生产要素变得过剩。如果贸易导致某一部门生产的萎缩以及另一部门生产的扩张，这一定是因为生产要素在两种商品生产中具有不同比例。由于要素被假定为不能跨国流动，因此某些要素必然会变得过剩。例如，如果相对萎缩了的生产部门的要素比例变为 ℓ ：3c：4w，而相对扩张了的生产部门的要素比例变为 ℓ ：c：w，那么部分的 c 和 w 将会由于产出的变化而变得多余。

这并不意味着国际贸易不可避免地导致部分生产要素无法被使用，因为即使是生产一端不可能发生替代，要素替代可以发生在消费一端。这一观点可以通过美国在 19 世纪中期的情形得以说明。假设一个国家有着大量适宜种植小麦的土地但是却只有有限的劳动力用于纺织品生产。在国际贸易开始之前，我们可以假定两单位的小麦等价于一单位的纺织品。这就相当于是假定生产要素的价格比是 $\ell=(1/2)w$——我们这里不考虑资本的情形以简化分析。国际贸易的开展导致纺织品价格下降，因而工人工资也下降到其原有水平的一半，也就是 $\ell=w$。土地所有者此前用于向城市地区居民购买纺织品的小麦数量的二分之一，现如今可以用于出口以支付纺织品的进口。两个群体都与先前生产相同数量的产出，但是此前由纺织工人消费的小麦数量的一半如今被土地所有者用于交换国外的纺织品。

在上例中，生产的巨大变化并没有造成国内生产数量的任何浪费。很重要的一点是牢记劳动力在不同国家具有相同质量的假定。完全有理由相信,美国工人将会与先前一样努力工作,因为它们有着与国外工人一样的技能。在贸易发生之前,纺织品相对高价是由于土地和劳动力之间的比例与世界上其他国家的比率不一致,而不是由于劳动力质量的差异。当贸易的开展消除了这种非一致性比例的时候,这一特定国家(美国)的土地就被赋予了这样一种机会:与其他国家相同质量的土地支撑同样多的人口。这样一来美国工人工资就会下降到其他国家有着相同技术水平工人的工资水平。当贸易发生的时候,就既定质量的每单位生产要素价格而言,就不会存在"更高"或"更低"。国家之间的差异则体现在各国所拥有的特殊生产要素的数量差异上。

假设所有国家具有相同技术条件,结果必然是不论对某一单个国家还是对世界作为一个整体而言都没有什么损失,因为生产要素都停留在其原有的国家。这便解释了国家之间的绝对要素价格均等化,也附带揭示了这样的事实:生产要素在国家间的流动并不必然意味着那些流动了的要素将会受益。不同商品的生产将会布局在具有该商品生产所必需的要素的地方。不论生产要素布局何处,每种要素的每一单位都必须与同一要素的另一单位所能满足的全球人口的需求比例相一致。这与经济自由主义的理想化情形非常相像,卡莱尔(Carlyle)将它轻蔑地称为捡破烂者的千禧年(ragman's millennium)。恰是出于这一原因,有必要指明的是,贸易并不是不爱国的,而是与所有生产要素的不变区位相一致。这种情形可以被称为"和谐均衡"(harmonic state of equilibrium)。

我们很容易就会发现,这样一种状态通常是不可想象的。如果上述例子真实存在的话,这就意味着全世界的人口分布不具有经济上的重要性，而且生产要素流动的经济动因也不再有考虑的必要。那么这一情形的局限性体现在哪里呢？

不难看出，局限性在于不同国家具有相同技术水平的假设。换句话说，关键是要素相互替代的可能性和可取性。在这种情况下，不同生产部门的生产要素将会以最经济的方式进行组合。结果就会是，稀缺的生产要素将会被更丰裕的要素所替代。这种替代部分地抵消了一国内部生产要素的非正常比例及由此导致的国内要素相对价格与世界价格水平不对应的影响。由于恰恰是这些不正常的比例和价格构成发生要素替代的必要条件，这种替代就不可能实现一国要素相对价格与世界其他国家要素相对价格的均等化。即使技术上是不可能的，只要这种替代在经济层面上是合理的，生产要素也就不会得到充分利用，也就会增强生产要素比例的不一致性。此类情形解释了世界上大多数经济活动。可以通过下列具体的例子加以说明。

考虑美国在欧洲大量移民到来之前的情形，这一情形要比上文所述更加具有现实性。该国具有大量可供耕种的土地但是却人口稀少。当由于交通运输的改进而使其与欧洲的贸易变得可能之后，很显然该国将会出口大量使用土地的商品来换取大量使用劳动力的进口商品。美国劳动力稀缺程度如此之高以至于没有充足的工人来耕种所有的土地以向欧洲出口小麦。即使是土地得到耕种，这也主要是由于土地对劳动者的替代，用一个通俗的短语来表达就是粗方式耕种（extensive cultivating）。因此，相比较于世界其他地方而言，美国的土地租金较低而工人工资较高，而仅依靠贸易无法消除这种不一致性。在不考虑运输成本的情况下，贸易将会使得全球范围内某一特定商品的价格实现均等化。但是，当某一特定商品在欧洲和美国所使用的同一种生产要素的数量不一致的时候，生产要素的相对价格和绝对价格在两个贸易国家之间存在差异就不仅仅是种可能而是必然。正如在自由贸易情况下，相同技术水平一定会使所有国家生产要素价格变得一致，同样可以肯定的是，技术水平的差异一定会带来要素价格的差异化。

在这一基础上很容易就可以解释欧洲人向美国的移民。需要强调的是，如果生产要素比例没有因移民或者是人口增长而发生变化的话，各国之间的要素价格差异将会持续存在，而且世界作为一个整体，其生产要素将无法以最有效的方式得以利用。一国的自然资源必须至少辅以足够的劳动人口以实现该国内部每一个生产部门的要素比例都对应于“正常化”或者是全球的平均水平。否则的话，世界产出将比其他要素分配的情形下更低，而且某些要素将会由于移民而受益。另一方面，在诸如英国这样的国家中，劳动力需要有足够的自然资源才不会出现用工人替代自然资源的现象，因为此类要素替代从全球范围来看是无效率的，并且将会导致工人的向外迁移。上述针对土地和劳动力的观点当然也同样适用于资本。

换句话说，“和谐均衡”意味着每个国家必然拥有充足的该国最稀缺的要素，这样每一类商品的生产要素比例都与其他国家相应商品的要素比例相同。

很奇怪的是，我们经常面临相反的推理。一般来说，国际贸易将会大大提升对该国充裕要素的需求，以至于该国稀缺要素将会变得多余，这样一来就会导致该国不是劳动力输出就是输入（如果劳动力的跨国转移可能实现的话)。回到之前的例子,我们的主张是,对美国所生产的小麦的需求以及对美国土地的间接性需求将会使美国的工人变得相对多余。尽管很显然国际贸易将会减少美国劳动者的相对收入,但是没有理由认为美国的工人将会因此而失业。当美国工人工资下降到世界水平时,美国工人将依旧具有竞争力。而且对土地需求的增加将不可能导致美国工人的工资降低到世界水平,因为这将意味着最初极度稀缺的劳动力此时将会相对不那么稀缺了。如果是后者的话,国家贸易将会过度扩张而且将必然会出现转向。在此前的例子中,美国纺织工人工资的急剧下降将会立刻影响纺织品出口,因为纺织品价格将会因此而低于世界水平。但是随着纺织品的出口,工资将会上升到世界水平。

如前文所述,恰是由于美国工人的稀缺导致美国的小麦生产无法如欧洲地区的小麦生产那样使用等量的劳动力投入,因而导致美国的工人工资要高于欧洲而地租却低于欧洲(在生产要素非流动性假设下)。

放松生产要素固定供给的假设

接下来需要探讨的是,当我们考虑生产要素弹性或是价格敏感度时,上述结论会发生怎样的变化。换句话说,在本章中,我们将放松生产要素固定供给的假定,同时依旧假定要素具有不可流动性。由于我们不考虑土地的价格敏感度,因此就只需要考虑资本(储蓄)和劳动(本质上就是人口数量)的供给反应。

如果假定某一特定生产要素的供给弹性在全世界范围内相

同，那么贸易所带来的该特定要素的供给的变化将会在全球范围内相互抵消。例如，对于那些有着充裕资本供给的国家而言，国际贸易所带来的利率的上升将会导致该国储蓄的增加。对那些资本较稀缺国家的影响将会是工资率的上升以及利率的下降，并因而带来储蓄的减少。当然，也有可能存在这样一种情形，那就是某国某一要素供给的增加并不会与另一国的供给减少相抵消，但是对这种情形的讨论是无关紧要的。

上述观点指出了一种比较反常的结果，那就是当把供给的反应考虑在内时，国际贸易将会加大*不同国家生产要素供给的相对差异*。这当然只是一种趋势，且可能受到行为改变或贸易的增长带来的国民收入增加的反作用。如果可以忽视这些复杂的情形，那么上述结论便是有效的。对于有着相对节俭特质的国家来说（比如法国），这一国家的储蓄率将会由于国际贸易的开展而上升。通过利率的增加，事实上储蓄率的增加便会实现。相反，对于那些不那么节俭的国家而言（比如瑞典），这一国家将会比先前有着更高的支出，因为国际贸易将会减少该国的利息率。劳动供给的变化也会带来类似的影响。工资的下降幅度并没有那些人口急剧上升的国家大，工资的上涨幅度也不会比那些人口不变或者是急剧下降的国家多。事实上，这仅仅是贸易导致不同贸易对象之间要素相对稀缺性趋同的一个自然表现。

放松要素非流动性的假设

现在我们可以放松最后一个假设条件了，即*生产要素的完全*

非流动性，我们也许可以假设生产要素具有完全的流动性。

原则上，流动性的影响很简单：不考虑运输成本的情况下，生产要素的绝对价格将会在全球范围内实现均等。这一结果显然是李嘉图模型无法考量的。在完全流动性条件下，传统意义上的国际贸易理论就会被抛弃，且可以直接比较国家之间的价格和成本差异。在这一条件下，任何对绝对价格均等化的背离都会立即带来生产要素的流动，而且新的均衡将会立即实现。因此，生产取决于这些要素的区域。

如果我们就所有要素具有完全流动性的假设开展分析的话——这是不可能的，因为要素包括自然资源——生产分布将与个人选择在不同地区生活的偏好一样(呈现出差异性)。在这种情况下国际贸易将不复存在，因为生产要素总是会流向其被需要的地方。分析这一不可能的情形不仅仅是为了确切地表明完全流动性意味着什么，也是为了将其作为一个现有框架内重要政策问题的有意义的起点。

这个问题涉及应该采取什么样的措施以使得一国内部能够保留更多的某种具有完全流动性的要素。答案显然就是要在该国内部提升这一特定要素的需求。假设该国无法使其自身成为一个更具吸引力的居住地，要想实现需求的增加就只能通过增加相对更密集地使用这种要素的商品的生产。换句话说，可以通过诉诸*保护性关税*或者是其他防止此类商品进口或者是出口补贴的方式来得以实现。在完全流动的情况下，该特定要素的价格当然在各个国家保持相同，然而，通过增加一国内部对该要素的需求或者保持该要素的相对稀缺性，可以实现要素流入的增加或者是流出的减少。

到此为止,我仅仅是阐述了这一问题的某一部分。为了完成这一问题的讨论,假设一个国家某一特定要素的供给有所增加。

开始时先假设不存在要素的流入。如果我们假设*不可流动性*,从第1节中我们就可以很明显地看到关税将会减少该国的国民收入。而且,由于得到保护的要素价格将会高于世界价格,对于其他要素而言就存在一个双重成本,那就是国民收入的减少和受保护要素的更高价格。此后,当受保护要素的高价格吸引该要素额外的数量之时,其价格将自然会回落到世界水平。但是,这并不会抵消国民收入的减少,因为后者是作用于其他要素的。得到保护的要素所取得的收益很显然要比世界价格低,因为如果它的收益与世界价格一样高的话,它将流向那个没有保护动机的国家。而且由于需要对受保护要素的全部数量支付世界平均价格,经济上的损失无疑是源自其他的生产要素。假设这些其他要素具有完全流动性,很显然这些要素将会离开这个国家,因此*一国内部某一种生产要素数量的增加将会使其他要素的数量下降*。[①]

一个更加符合现实的情形是部分要素——例如自然资源——被假定为*不可流动*而其他要素被假定为可流动,这一情形更加有意思。在这一条件下,自由贸易很显然会带来流动要素在全球范围内的分布,并与不可流动要素以一种最有效的方式进行组合。在这种情况下,不同要素供给的比例不会相同,除了在要素实现最优分布而使世界总产出达到最大化的时候。

① 这一点将会通过下文中的数值例子得到说明。尽管我们忽略了其他国家的变化以简化分析,但是毫无疑问其他国家的变化将与以上讨论的国家发生的变化恰好相反。

当某些要素流动而其他要素不可流动的时候，很重要的一点是分析保护主义或者是其他壁垒形式会如何影响自由贸易。这很容易就能得到说明。在前面的那种情形中，当所有要素都具有流动性的时候，某种要素供给增加却不带来其价格下降的话，这将会导致其他要素的流出。如果这些其他要素不可流动的话，这种流出就不会发生。*因此，通过实施不利于土地租金的保护政策将会同时增加一国国内资本和劳动力的数量，而不会降低其价格。*这可能是对持续性实施保护最有力的支持论据了。至于这个论据是不是最有力则是另一个问题，我将在第八节来论述这个问题。无论如何，可以看到，上述论点只有在对那些需要更多比例的劳动力和资本的商品的保护上才成立，而在那些密集使用自然资源的领域则不适用。

以上几个部分的核心内容可以归纳如下：在一定的条件下，(1)自由贸易本身将保证不同国家生产要素具有相同的相对和绝对价格；(2)生产要素完全流动性本身总是会保证不同国家的生产要素价格相同，但是却并不意味着这些生产要素的数量比例相同；(3)自由贸易和要素完全流动性共同确保生产要素的数量比例(相同)。

与相关学者的争论

如果我们根据上述思路来考察两位知名经济学家的观点，这一问题就会得到说明。

其中之一是西奇威克(Sidgwick)本章注释 2 中提到的文字。

本文在第四部分中有关“和谐均衡”的例子很大程度上源自于他的阐述。他假设A国是一个实施高关税保护政策的国家(译者注：对制造业部门实施保护),并且有1/3的谷物产出被销售给其制造业部门的人口。随着关税的消除,A国可以花费相当于此前国内谷物生产的一半成本用谷物交换B国的工业制成品。他还进一步假设在两种商品上的消费总支出都与先前一样。西奇威克问道:“这样一来,那些*由于此类变化而失去工作*的制造业工人将怎么办?在这种情况下最简单的建议是他们应该向外迁移并将劳动力供给于在B国扩张的制造业部门,或者是那些在A国和B国之间新产生的贸易”。

如果我们按照西奇威克所述那样对这一问题以一种简化的方式进行阐述的话,答案便是:没有证据表明A国的产业工人将会全部被取代。这完全取决于是否假设当存在保护主义时要素具有完全流动性。在不具有流动性的情况下,A国制造业工人的高工资是源自于劳动力的相对稀缺和土地的相对充裕。这些条件的消除将会使国内产业工人的工资下降到与国外的产业工人同样的水平,并且在满足其国民对工业制成品的需求方面具有与外国产业工人同样的能力。贸易带来的结果仅仅是整个国家对工业制成品消费的增加,以及与此相对应的国内产业工人工资(以谷物衡量)的下降。这一情形与我们在第四部分的分析非常相符。在第四部分中,我们假设A国的产业工人与B国具有同样的能力。否则移民显然不会发生,因为A国的移民无法在B国获得(比在A国)更高的工资。

然而,很可能西奇威克并没有假设这些条件成立,而是从一开始就假设要素是*流动的*，这与李嘉图及其学派的做法是不一样的。在这一假设条件下，他的论点是正确的。在这种情形中，国家A工人的初始工资水平与世界平均水平完全一样，既不低于也不高于平均水平。这样一来，关税保护将会在以损害地租为代价的基础上导致人口的增加。当关税保护消除后，该国地租就会上升，同时由于受到保护而得到雇佣的那部分人口就会流出——这就会与第六部分的讨论完全一致。因此，我们顶多也只能是指责西奇威克没有将这一假设条件阐述清楚。

第二个论点来自维克塞尔教授，他的这一观点源自 *Forum*（1919，no. 2，p.17），他当时是为了对我的《瑞典生产的问题》一书进行评论。他的核心论点可以表述如下：

> 假设铁矿石和木材的价格相对于工业制成品和食品的价格上升得非常高，以致矿产和土地的所有者只出口铁矿石和未加工（或粗加工）的木材，甚至使所有的土地和草场都种植树木，将会有利可图。尽管面临工资下降的压力，只要这一趋势较弱（就如目前的情况），那么它还是可以通过更密集地使用最好的农地和依然存在的制造业予以抵消。对于世界经济作为一个整体而言，这将会是非常有益的：因为从全球经济角度来看，没有什么能比地球上那些最适宜于原材料生产的土地被用于生产其所适宜的商品来得更加有利可图，即使人口因此而变得更加稀疏。但对于瑞典民众而言，该国却是另一种情形。

从某种程度上来讲，维克塞尔在此处仅仅是为了表明他曾描述过的那个过程将会降低工资率，我完全同意并坦诚地表示，在许多情况下，本书都愿意接受这方面的理由充分的批评。但是，就劳动力迁徙的可能性而言，事情则是不太一样的。维克塞尔教授和西奇威克教授各自所分析的情形有一个重要区别：前者讨论的是包括所有国家在内的普遍意义上的变化，而后者是考察单一国家关税保护的废除所带来的影响。

如果维克塞尔教授假设商品自由交易和要素自由流动并以此为起点开始讨论的话，那么所有要素价格在最初就都会处在世界平均价格水平。这样就会存在海外原材料稀缺性的上升以及必然与之相伴随的国外土地等要素租金的上升以及国外工资率的下降。例如，相较于国外而言，当时的瑞典就有更低的地租和更高的工资水平，并因而出口更多的原材料，进口更多的工业制成品。这就最终导致瑞典和世界其他国家在要素价格方面的相同变动；当这一结果发生的时候，交换就不再增加。这样一来，均衡就会再次实现，而且没有理由出现劳动力移出，因为国外的工资水平并不比瑞典更高。[①] 对一国自然资源需求的增加本身并不会导致一国劳动力价格低于其他国家，正因为如此，也就自然不存在劳动力输出的动因。

事实上，我们可以更进一步地认为这里所讨论的这一过程可

① 请允许我对上述提及的那本被维克塞尔教授认为是“逻辑不太清晰”的书中提到的一个观点进行解释：产业的集中化将会带来人口向外迁移，尽管它并不会使得人们因此而失去工作。我在该书中想到的是冲击本身作为劳动力外迁的唯一原因，也就是工人会外迁而不是在该国的另一个行业或者是该国的另一个地方寻求新的就业机会。而且就这一点而言没有任何论述是不符合逻辑的。我承认，这一观点本应该得到更加清晰的说明。

能导致劳动力的流入而不是流出，当然是在劳动力在两个方向上都具有完全流动性的假定下。显然这种情形通常发生在技术进步导致对高度充裕的自然资源的需求上升的时候，诸如磷酸盐或者是磷矿石。在这种情况下，自然资源的价格以及与此相应的自然资源的收入比例都将上升，但同时也将会吸引更多劳动力以实现这种技术创新。而且，其他导致资源价格上升的因素也会发生类似的过程。这些因素甚至可以是其他国家此类自然资源供给的减少。上述两种情形确实有很大差别，因为在前一种情形中总体经济形势将会得到改善，而在后一种情形中则会恶化。但是，对于某一特定国家而言，如果其拥有相对稀缺的自然资源的较充裕禀赋，那么该国在任何情况下都将会由于此类变化而在世界经济中获得更重要的地位，并因而需要更多的劳动力。唯一的例外发生在商品本身的绝对稀缺性情形下，不仅仅是自然资源也可能是那些诸如已故艺术家的作品、钻石、黄金等无法更多获取的商品。但是，这一情况不仅完全脱离于我们的分析框架，同时它也不怎么有趣。而且，即使是在这些情形中，最后的影响也将不会是劳动力流出而仅仅是缺乏劳动力的流入。

如果上述对维克塞尔教授的观点的答复言之有理的话，我要对他表示由衷的感谢，因为恰是通过他对我观点的批评使我能够（至少是部分地）考虑国际贸易领域迄今为止所忽视了的此类问题。

贸易对收入的影响

最后，有必要再一次考虑国际贸易对国民总收入的影响，即第一部分所讨论的主题。

第一部分的结论是，在生产要素供给不变的情况下，自由贸易将会最大化国民总收入以及人均收入。一个未考虑到的问题是，如果部分（而不是所有）要素的供给发生变化的话，这一结论将会如何修正。很快我们就会发现，这是一个复杂的问题。

经过以上论述后，没有必要再扩展以下结论：国民收入作为一个整体在理论上将由于贸易保护而有所增加。这一结果的实现可能通过可流动要素获得额外的收益从而使该类要素的供给增加，同时非流动要素——例如土地——的收益受损。

就人均收入而言，结果则会更简单一些，并且取决于受益于贸易保护的流动要素是资本还是劳动力。以部分非流动要素为代价却给资本带来收益的保护性政策很可能会增加人均收入。另一方面，令劳动者受益的保护性政策毫无疑问将会降低人均收入，原因在于此类保护将会带来更多的人口而不是国民总收入。需要说明的是，在资本和劳动力都具有完全流动性的情况下，保护政策既不能使人均工资也不能使单位资本的收益提高到世界水平之上。①

尽管上述观点不难理解，但是利用一个数值的例子来阐述可能效果更好。假设任意选定一定单位的土地、资本和劳动力要素，分别用 ℓ 、c 和 w 来表示，并假定某一个国家拥有的要素数量为 1000 ℓ 、1000c 和 1000w。劳动者阶层总共有 5000 人，也就是每一个有效劳动力对应于 5 个工人。而土地所有者和资本家阶层人

① 需要补充说明的是，我们在这里只考虑了静态条件，人口变化所带来的诸如勤奋程度、工作强度等等的变化并没有被考虑在内。

数为500人。因而国家总人口为5500人。尽管意味着极度不平均的收入分配,这里采用如下简化的假设:生产要素的价格为 $\ell = c = w = 10p$。因此国民总收入为 $1000\ell + 1000c + 1000w = 30000p$。人均收入为 $5.46p$。假设保护政策最初使得国民收入下降到了 $28000p$,但是该政策导致资本供给数量翻一番,却并不会带来资本家人口数量的相应上升。假设每一单位的额外资本都将使国民收入上升 $8p$,这样国民总收入就会增加到 $36000p$。由于 c 和 w 的价格保持不变,那么溢价部分就应该完全由 ℓ 价格的下降来分担。新的国民收入构成为:$1000\ell + 2000c + 1000w = 36000p$,$c = w = 10p$,$\ell = 6p$,相对于保护措施之前的人均收入 $5.46p$,此时的人均收入应该为 $36000/5500 = 6.55p$。

现在假设保护政策是有利于劳动力而不是资本,工人阶层的人口数量因此而翻一番。如果国民收入与此前一样还是增加到 $36000p$,这一收入水平就必须在10500个人中进行分配,而不是保护政策实施之前的5500个人。人均收入因此下降到了 $3.43p$。人均收入的下降,是因为根据假设条件人口的增加带来国民收入的增加比例低于人口增加的比例。在上述例子中,新增资本带来的收入上升的幅度也同样小于资本的增长幅度,但人均收入仍然会增加,因为总人口是保持不变的。由于劳动和资本都是完全具有流动性的,工资和利息率都是不变的,因此人均收入的所有变化都由土地所有者承担。我们一直都假定这一调整是可能的,只要地租不为负值。

从上述分析中——最简单的是从第六部分的总结中——可以很显然地看出国际贸易对于*收入分配*无法做出任何保证。这一结果不论是在考虑个人收入分配还是考虑生产要素的功能性分配方面都是正确的。不论是以何种方式来度量，国际贸易极可能带来收入分配不均等性的强化或者是弱化。因此，当生产要素不可流动的时候，国际贸易将不可避免地无法保证实现每个工人工资的最大化或者是所有工人作为一个整体总收入的最大化。当劳动被假定为具有流动性的时候，工资率是给定的，因为它必然在所有国家都相同。这种情形下，有利于劳动力的贸易保护将会提升劳动者整体的绝对工资水平和相对工资水平，但是却降低了人均工资水平。

我们无法忽视的一个问题是：能否从上述结果中得到对自由贸易的赞同或是反对的观点。上述讨论无法就这一问题提供一个合理的最终答案，因为通篇所使用的假设条件都太过抽象。我们之所以在本文的末尾来讨论它，主要是为了反对读者因为没有看到此类抽象说明的局限性而草草地下结论。要不然的话，我本可以用短短几句话就这一问题给出一个精确且总结性的答案。

对于那些本身被认定为理性的最终目的而言，任何保护政策措施以及其他对贸易构成障碍的措施都是非理性的实现方式。不论要素是否具有流动性，这一结果都是成立的。本文的诸多阐述都带领我们回到收入分配的变化或者是生产要素的流动导致的国民总收入或人均收入的变化。如果要避免自由贸易带来的收入分配以及实现一种不一样的分配以使工资更高或者人口更多，那么只能通过一种经济上比限制国际贸易更加可取的方式来实施，主要是通过税收的方式。我们尤其需要牢记，当劳动力和资本具有流动性时，通过土地税收实现既定分配的可能性。税收优于保护政策的地方在于，前者并不会给整体经济带来损失，诸如生产的变化或者是贸易的萎缩——这些都是保护政策所不可避免的后果。当生产要素具有非流动性时，保护政策导致国民总收入以及平均收入的下降，而税收却不会带来上述任何一种后果。再者，如果生产要素具有流动性，保护政策将会减少一国内部生产要素的生产力，但是税收却不会。在要素具有流动性的情况下，新获取的要素将不仅仅比该国既有的要素获得更少的收益，同时更糟糕的是，要比这些要素在原先得到使用的地方所获得的收益来得更少。不论这些要素受到的是保护政策还是某些税收形式的吸引，上述结论都成立。这样一来，此类生产要素的流动就必然会带来世界整体经济的损失。但是，如果要素流动是由于对地租征税引起的话，所带来的世界经济损失要小于保护主义政策引起要素流动的情形。对个别国家而言，通过税收所能获得的收益是其可实现的最大化收益。

本文在经济政策层面上的意义可以总结如下：在自由主义的传统体制下，很可能基于收入分配的观点提出对自由贸易的反对意见，尤其是在仅仅对收入按比例征税的情况下。然而，当自由贸易与谨慎的收入再分配相结合的时候，它将是最有效的商业政策，因为它使人类欲求最大化满足成为可能，而这种可能性在任何其他商业制度下都无法存在。

贸易理论

戈特哈德·贝蒂·俄林

英文版译者注

我们力图不仅仅是在内容上而且在风格和措辞方面都遵循原著。有些较明显的错误我们有意没有修正。由于俄林的写作风格经常令人觉得晦涩难懂,因此尽管我们力图保留原著的风格,但我们不得不把一些表述进行简化和改写以实现更加清晰的表达,尤其是术语的使用。对于现代赫克歇尔-俄林理论中的一些标准术语,比如“要素禀赋”“要素流动性”“要素比例”等,俄林并没有使用相对应的瑞典词汇。对于这些内容我们都自行采用了现代的表达方式。他并没有用斜体字来标示拉丁语,我们也没有这么做。甚至是在那些有意使用拉丁语来替代瑞典语的表达之处,我们也没有用斜体来进行标示。原作对于缩写和参考文献并没有使用统一的格式,在翻译的时候我们也进行保留。

我们感谢克斯汀·布洛姆奎斯特,玛丽亚·吉尔,辛迪·米勒和帕特里夏·莱因霍尔德在文稿编辑方面所作的工作以及贝蒂·俄林基金(Bertil Ohlin Fund)给予的资金支持。

目　　录

第三部分　地域贸易理论

第四部分　对古典贸易理论的批判

序　言

古典价值理论早已不再是一个令人满意的解决价格决定问题的方法。然而，即使是在当代理论阐述中，该理论却仍然构成国际贸易理论的基础。这显然是很反常的。如果古典价值理论对于处理一般意义上的价格决定问题不太令人满意的话，那么对于国际贸易中的价格决定这一特定问题也必然是一样的。只有对二者在相同的基础上进行探讨，价格决定理论才能被构建成一个统一的理论，而国际贸易理论是价格决定一般理论的补充。因此，不单单对国际贸易，同时对国内贸易进行分析是很重要的，因为，正如通常认为的那样，两者是同样一个问题。在古典理论中，对外贸易被区别对待，因为在 19 世纪早期，劳动力和资本在国际范围内不可流动，而其在国内的流动性至少被认为要大得多。然而，在过去的一个世纪，要素的国际流动性提高了，而妨碍资本和劳动力国内流动的阻碍依旧存在，土地毫无疑问是不可流动的。很显然，生产要素不论是在国际还是国内范围都只具有不完全的流动性，在这一前提下，就需要对一般价格理论进行修订。国际贸易只不过是被称为区域间贸易的一种特殊形式，即要素和商品不具有完全流动性的地区之间的贸易。因此，区域之间的贸易属于考虑要素不可流动性情况下一般价格决定理论的一部分。

本文是对构建一种区域贸易理论的一次谦卑的尝试。不应该因为本文的标题简略为“贸易理论”而造成任何误解。因为任何非地区之间的贸易——比如跨期贸易、对商品交易的投机行为——都没有被正确地看作是一般意义上的贸易。

不幸的是,并不存在一种被广泛接受的价格决定理论可以作为区际贸易的理论基础。然而,不同作者之间的差异很可能没有通常认为的那么重要。从整体而言,当前的一些作者采用了一般均衡理论的方法。古斯塔夫·卡塞尔(Gustav Cassel)曾经给出了这一原则的最清晰且一致的说明。我们在这里所采用的方法遵循他的这一系统。因为本文试图建立一个与一般价格决定理论密切相关的地区贸易理论。本文的这一主题仅仅是价格理论的一个侧面,然而从一个包含了最基本的经济关系的一般均衡系统的角度来分析它是有用的,虽然价格决定的其他方面都被简化了。因此,商业周期波动并不在本文讨论范围内,更加复杂的比如垄断相关的或者是与各种形式的倾销相关联的价格现象也不在讨论范围内。

本文最初是将卡塞尔的单一市场价格决定方程组扩展到包含多个贸易国家的市场。尽管出发点完全不同,本次尝试的结果(体现在第三章)却与伊·菲·赫克歇尔一年前(即 1920 年)发表于《经济评论》的论文“对外贸易对收入分配的影响”有着重要的相似性。毫无疑问,作者在本文以及后续研究中潜移默化地受到赫克歇尔一文的影响。该篇论文的开创性影响必然体现在对第 1—3 章内容的关键性作用上。

赫克歇尔教授非常耐心地阅读本文并提出了非常宝贵的批判

意见，促成本文进行了多次改进和修订。卡塞尔教授就本文“古典价值理论的批判”部分给出了许多重要意见。作者非常感谢与弗兰克·陶西格(Frank W. Taussig)教授就古典贸易理论的现代版本进行的多次讨论。哈佛大学的威廉姆斯(J. H. Williams)教授和加德纳(W. Gardner)教授曾阅读本论文的第一部分并给予作者启发性的评论以及新的视角。作者感谢曾帮助其获得在加拿大的论文证明的芝加哥大学雅各布·维纳(Jacob Viner)教授，还要感谢格拉格·格劳科布(Gerda Graucob)和卡伦(G. Kaleen)在校勘和文字编辑方面给予的帮助。

皇家科学院通过瑟德斯特伦基金会(*Söderström Foundation*)资助作者前往英国学习并资助本书的出版。瑞典-美国基金会提供奖学金支持作者赴美国留学。作者向上述机构表示诚挚的谢意。最后，作者还要感谢作者的老师们给予的建议、鼓励和帮助。从其开始研修经济学的早期阶段，赫克歇尔教授都善于引导并给予建议和批评。从就读于斯德哥尔摩大学开始，巴格和卡塞尔教授就表现出同样的耐心和善意，他们牺牲其有限的时间以各种方式对作者循循善诱、悉心教导。同样非常感谢布里斯曼(Brisman)和索马林(Sommarin)教授。作者通过与导师的当面接触所获得的学术上的指导已经大大超过了他们的教职工作本身所要求的责任。

斯德哥尔摩，1924 年 5 月

贝蒂·俄林

引　言

为什么人们会开展交易？为什么人们不生产自己所需要的一切？对这一问题的解释似乎依赖于两方面的考虑。第一，天资存在差异：例如一个人可能更擅长于需要灵巧的手工工艺的机械工作，另一个人可能更具智力上的才能和兴趣。很显然，让每个人从事其所擅长之事然后相互交易各自产出的商品或服务将会对每个人都有好处。这一交易体系建立起一种倾向以使得每个人从事其最具有生产力的工作。第二，一个人专门从事某一项工作要比从事各种不同的活动更有可能学会更熟练的技术和能力，并且节约从一项工作转换到另一项工作所需要的时间。总之一句话，劳动力可以得到更高效地使用。正是由于上述两个原因，劳动力的分工和交易创造了一个更好地满足人们需求的系统。它优于那种每个个体自己生产各自所需商品的情形。

为了建立价格理论，首先可以创建我们称之为生产要素或者生产力的类别来理清这一问题。例如，一个既定质量的劳动力被称为生产要素，我们可以忽视个体劳动者之间存在的细小差异，例如不同手工业者之间的差异。除了劳动力之外的基本生产要素主要是资本和自然资源。价格决定理论确立了两种倾向：首先是价格机制将生产要素配置于其最具有生产力的用途；其次是专业化分工和大规模生产能提高效率。我们无须在此详细阐述为什么大规模生产要优于小规模生产。我们可以将上述理由归结为一点：大规模生产的优点源自生产要素的不可分割性。如果存在完全可分性，那么无论是在小规模生产还是大规模生产中，生产要素的组合和使用都将是一样的，生产效率也不会有所变化。由于不可分，对某些生产要素来说，只有大规模的使用才能使其达到最大生产效率。同时，只有在大型企业内部，才可能使得每一个工人只开展一项工作。而在小型企业内，某些多样性就是必要的。换句话说，当开展大规模生产的时候，生产要素的不可分性导致的不经济将会消失。通过这种可能性，交易将会实现这样一种结果：每种要素都得到使用以尽可能地发挥其自然禀赋并实现最大化生产效率，同时要素不可分性带来的成本也将至少是部分地被克服。

本文就是关于一个包含在一般价格理论中的贸易理论的最简单的概述。它只涉及一个市场，将要素和商品价格统一的一个市场，在这一市场中的交易没有空间维度。

当我们将生产要素的区位及其在某一特定区位的分布纳入分析，情况就大不相同了。因为这样的话，重要的就不仅仅是要素的总供给，同时还有要素在每个区位或是在某一个区域内部的供给数量，这又是构成某一既定区域应该生产什么的决定因素之一。由于既定区域内的生产广泛分布，交换活动就需要空间维度。我们可以讨论不同区域之间的交换活动，此时就不能继续假设某一个市场内存在相同价格。相反，要素和商品在不同地区存在着不同的价格。在这种情况下，价格机制就要考虑到区域层面，价格理论也就需要被修正以包含交换的空间维度。

这种区域交易，可以称之为“地区间贸易(interlocal trade)”，当然与一般意义上的贸易是一样的，只是多了地域空间层面的考虑，因此具有一些特殊的性质。正如有人问为什么个体之间开展交易一样，人们也会问为什么不同地区之间的人会相互交易而不是各自生产所有所需的商品。问题的答案一方面是由于区域和个人一样有着不同的生产要素禀赋并因而在特定商品生产上具有不同的生产能力。另一方面是由于专业化和大规模生产的优势使得开展劳动力分工更合适。就后者而言，有人会争论说某一特定区域可能具有所有不同生产要素的大量禀赋并因而通过大规模生产满足其所有需求。但是这种区域将会构成世界的大部分地域。较小的地域有着有限的生产要素禀赋，如果它们要大规模生产的话只能生产出很少种类的商品。即使两个地区在生产要素禀赋方面没有差异，它们也将会被迫参与劳动分工并进行交易。因此，地区间贸易的产生基于两个原因：(1)生产要素禀赋的差异；(2)这些要素的有限可分性，即大规模生产的优势。

生产要素禀赋的差异与其有限流动性有关。如果存在完全流动性，就没有理由不发生要素分布的改变，并使得要素在任何地方具有相同的价格。这样一来，即使不同区位之间的贸易依旧会发生，只要商品完全自由流动，那么单一市场内的价格体系就会具有相同的特征，市场的显著经济特征当然就是价格的一致性。在完全流动性情况下，生产要素的空间分布将会是完全无关紧要的。地区间贸易的发生将基于要素的不可分性，即大规模生产的优势，但是这并没有什么特别的意思。这种建立在追求生产规模化和降低要素不可分性所产生的劣势基础上的贸易本身而言是极其重要的，这一情形将在一般价格理论中进行探讨。但是在前述条件下，空间层面的考虑对价格体系没有任何影响。要素的完全流动性意味着，当商品也具有完全流动性时价格将在单一市场中被决定。另一方面，即使要素是完全流动的，如果人们必须考虑到运输成本以及其他转移方面的困难，他们也会集中于一个地区内，那么地区的贸易就不会发生了。

上文所述清楚表明，正是生产要素的不完全流动性使得将价格理论扩展到考虑交易的空间因素是非常有必要的。正是由于这种有限的流动性，我们才必须关注不同市场上的不同价格，即价格取决于每一个区域内的生产行为以及区域之间的交易。然而，有限流动性并不与完全非流动性具有相同的意义。只有一些自然资源可以被认为是完全不可流动的，而其他要素都是具有部分流动性的，后者指的是从一个区域向另一区域移动是可能的，尽管可能会面临一些损失。正是由于摩擦的存在，移动仅仅在非常小的范围内发生。作为对生产要素的移动的替代，地区间生产要素禀赋的差异引起了地区间商品的贸易。尽管存在运输成本，这种地区间贸易要比要素空间分布的变化更加容易。当经济环境发生变化，生产要素并不会迅速且广泛地从一个区域移动到另一个区域，以至于使其价格在所有的地方达到均等。相反将会产生区域间生产要素价格的差异，并影响生产的地理分布以及区域间贸易。只要要素存在不完全流动性，我们就需要对价格形成的一般理论进行扩展。

为了清晰起见，地区间的交易将被定义为不同区域之间的贸易。只要要素被限制在既定区域的某些部分，不同地区之间的交

易将会带来完全相同的现象，这自然是正确的。但是，为了简化分析并尽可能清晰地揭示问题的本质，我们将首先假定要素在某些地区*之内*是完全自由流动的，但是在区域*之间*却不能自由流动。我们将这些地区（areas）称为区域（regions）。对这些区域之间贸易的考察表明了生产要素非完全流动性所具有的影响并因此预示要素的部分流动性将会驱使该体系向什么方向发展。在第二部分，我们将会考察要素的实际流动程度，并修正模型的分析。在一系列关于要素流动性的假设条件下开展贸易分析似乎是合理的，因为这并不仅仅源自该问题的复杂性，同时也是因为这些假设条件在整体上与李嘉图和穆勒构建古典理论的庞大基础时所作的假设相一致。此外，这些简化假设有助于考察国际贸易领域内的各种特定问题。

本文第一部分假设要素供给固定不变且不受其价格的影响。这一假设意味着，大量的工人可以被认为是同质、独立的生产要素。这些劳动者被认为是非竞争性的，因为我们并没有讨论劳动者从一个群组向另一个群组移动的情形。第二部分将简要讨论不同工人群组之间的流动以及不同地区之间生产要素流动的问题。

第一部分

要素流动性简化假定下的区际贸易

第一章　区际贸易产生的原因

本章的任务就是研究区际贸易，即地域之间的贸易。正如引言部分所述，讨论的起点是单一市场的一般价格决定理论。因此，我们在这里不需要探索贸易的好处，即引导每种要素去从事其最有效率的生产活动，同时减少要素的不可分性带来的不利影响。相反，我们专门仔细地探究与交易的空间维度有关的那些问题。为了尽可能地简化分析，我们一开始假定生产要素具有完全可分性，也就是大规模和小规模生产具有同等盈利能力。一般价格理论考察的是不可分性的问题。我们在这里只需考察区际贸易的第二个原因，即生产要素禀赋的差异。与同时考察这两方面原因相比，这样将会更加清晰。稍后我们可以很容易地修正分析以展示价格机制的完整画面。此外，为了简化，在第五章之前我们将不引入商品的运输成本。

我们从两个相互隔绝的区域开始，探讨当彼此相互开放之后贸易得以开展的条件。

区际贸易产生的最直接原因是有些商品从区域外购买要比区域内自行生产更加便宜。换句话说，由于不同区域之间生产成本的差异导致商品价格差异。然而，我们讨论的不是绝对价格差异，因为我们探讨的是处于封闭状态的地区，这些地区不可能拥有共同的货币体系或者是将各自的货币连接在一起的汇率。因此,地区之间发展贸易的条件就一定是相对商品价格之间的差异。这一差异既是贸易得以发生的充分条件也是必要条件。很容易可以看到,随着封闭状态的解除,这一不均等性将确定两种货币之间的汇率,从而使某些商品的价格在某一地区上升,而其他商品的价格会在另一地区上升,然后商品贸易就必然会发生。我们假定两个地域分别为 A 和 B,在交换产生之前,两个地区的商品相对价格是不一样的。很显然,绝不可能产生使用相同货币单位衡量的 A 地所有商品的相对价格都高于 B 地相应商品的价格的汇率水平。如果那样的话,所有商品将会从便宜的地区流向更贵的地区。但是由于 A 地无法出口以支付其进口商品,汇率将不得不上升。在这一汇率下,以 A 地的货币单位来衡量的 B 地的价格将会升高,这样某些商品在 B 地就会比在 A 地更贵,A 地就可以出口这些商品。只有在这种情况下均衡才会出现。第三,在不存在贸易的情况下,不同地区之间所有商品价格不可能都相同,因为这违背了关于商品相对价格存在差异的假定条件。因此,这一假定条件必然意味着当贸易的可能性确立的时候,有些商品在 A 地将会更便宜,而另一些商品就会在 B 地更加便宜。因此贸易就会发生,而且每一个地区将会从事那些其能够最便宜地进行生产的商品。

那么,什么是区域之间生产成本存在差异从而导致区际商品交换的原因呢?

商品的生产成本取决于生产中使用的各种生产要素的数量及其价格。如果关于生产要素的数量和价格的某些条件得到满足,就有可能使所有商品的生产成本在一个地区与在另一个地区完全一致，因此两个地区之间将不会存在贸易。但是，如果这些条件得不到满足，那么商品的生产成本在不同的地区之间必然是不同的。这样一来，一个地区专门生产某些产品而另一个地区专门生产其他产品并相互交换就将会是有利可图的。

与其去研究在什么情况下生产成本在地区之间会存在差异并因而产生贸易，倒不如去研究在什么情况下，这些生产成本会相同从而贸易不会发生。当解答了这个问题，我们就可以得到结论：在所有其他情况下，成本会有所不同从而贸易将会发生。因此，我们将探讨不同地区之间生产要素的价格和生产某些商品所需要生产要素的数量都相等的必要条件，从而使所有商品的生产成本都一致，而在这种情况下，区际贸易是不必要也是不可能的。

假定两个地区生产要素的相对价格相等。这意味着在 A 和 B 两个地区中不同质量的土地、劳动力和资本都有相同的相对价格。因此，如果一个给定技术水平的技工在一个地区得到相当于一个普通劳动者双倍的工资，那么在另一个地区也一定是这样的。在这种情况下，无论是在 A 地区还是在 B 地区，某种特定商品生产中所使用的生产要素比例则是相同的。不同商品生产中所使用的生产要素比例可能是不同的。但是相同商品的生产要素比例在两个地区之间一定是完全相同的。绝不可能出现在一个地区中用某一种生产要素是划算的但在另一个地区不划算的情况。因此，每种商品生产中所使用的要素比例在两个地区都是相同的，从而商品的相对价格也将是相同的。

以一个抽象的例子来说明。假设有三种生产要素，其价格在 A 地区分别为 a，b 和 c，在 B 地区分别为 a_1，b_1 和 c_1。由于最初

假设 A 和 B 是彼此孤立的，所以暂定没有汇率；因此 a，b，c 一定是以 A 地区的货币单位表示，而 a_1，b_1，c_1 则是使用 B 地区的货币单位表示。如果现在这些生产要素的相对价格是一致的，那么我们可以用 ka 来替代 a_1，用 kb 替代 b_1，kc 替代 c_1（k 为任意正数）。进一步假设在 A 地区和 B 地区三种商品的生产成本分别为：

	A	B
I	$3a+2b+c$	$3a_1+2b_1+c_1=(3a+2b+c)k$
II	$2a+3b+c$	$2a_1+3b_1+c_1=(2a+3b+c)k$
III	$a+b+3c$	$a_1+b_1+3c_1=(a+b+3c)k$

比较这两个纵列我们发现，只要两个地区间生产要素的相对价格是一样的，商品相对价格也将是一致的；因此在这样的情况下，区际贸易不可能出现。生产要素相对稀缺性的差异构成了区际贸易的必要条件。[①] 它可能也是一个充分条件，因为只要生产要素的相对价格不一致，不同地区的商品相对价格和生产成本就会不同从而不可能排除贸易的发生。因此结论就是：在上述假设条件下，区际贸易的发生源于生产要素相对稀缺性的差异。

到目前为止，我们假设这两个地区有独立的货币体系。然而，这一假设并不重要。我们同样可以探讨这样一种情况：两个地区与很多其他地区进行贸易。因此可能有一个共同的货币体系或者有一个既定的汇率水平，不论它们相互之间是否进行贸易。在什么情况下，两个拥有共同货币体系的地区（例如，英国和苏格兰）之

① 本章假设生产要素是完全可分的。

间可能不会发生贸易呢?[①] 答案是只有当商品的绝对价格相一致时,即所有商品的生产成本在两个地区都相等。这就意味着生产要素的绝对价格也相同。另一方面,贸易的存在表明某些商品在英格兰可以更便宜地被生产出来,而另一些商品可以在苏格兰更便宜地生产。这种商品绝对价格的不同意味着生产要素的绝对价格之间的差距。很明显,一些生产要素在英格兰一定比在苏格兰更便宜,相反,另一些生产要素在苏格兰要比在英格兰更便宜。这个例子与之前那个的区别仅仅在于,绝对价格的差异是直接从考虑了共同货币体系的相对价格差异中推导出来的。在前面的例子中,绝对价格差异是不可能出现的,除非两个地区货币之间存在交换比率。

因此,区际贸易产生的原因在于生产要素的相对稀缺性,这种稀缺性就会表现为每一个地区都会存在一些生产要素和商品的绝对价格低于外国,而另一些要素和商品的绝对价格却高于外国。[②] 正是这种绝对的生产成本和价格的差异直接导致了贸易并引导每个地区去专业化生产那些它能够更便宜地生产的商品。

一些例子将有助于阐明这一点。假设在 A 地区一些生产要素的资源非常丰富, 因此,其价格相对较低,相应地,另一些生产要素的拥有量相对较小,因此其价格相对较高。在这种情况下,A 地区将会有能力更便宜地生产那些需要大量使用比较便宜的生产要素的商品,而另一些商品就会相对比较昂贵。在 B 地区,对于

---

① 请记住,此处并没有考虑运输成本和其他商品流动成本。

② 为了不因为过于精确表达而有损上下文阐述,我们将会不时地使用“国外”一词,尽管在此处讨论的是区域。与此类似,“外国”一词也被用于表达其他区域。

A 地区稀缺的生产要素，其资源是相对充裕的。因此密集使用这些生产要素所生产出来的商品就会相对便宜，而其他商品的价格就会相对较高。用绝对价格来表述，结论就是，A 地区能够以较低的成本生产那些需要相对大量使用其更便宜的生产要素，而相对少量地使用更昂贵的生产要素的商品，而另外那些需要相对大量使用更昂贵的生产要素，少量使用更便宜的要素的商品则会在 B 地区更便宜地得到生产。每个地区都在那些本地区特别便宜的生产要素密集型的商品生产上具有优势。

澳大利亚人口稀少但土地供应充足（大部分土地不太肥沃）。因此，与大多数其他国家相比，该国土地相对便宜而工资较高。因此，生产那些需要大量使用不太肥沃的土地和少量劳动力的商品似乎是有利可图的——羊毛产业的情况即是如此。绵羊养殖需要大量这样的土地，但需要的劳动力投入却很低。因此，在澳大利亚能够比那些地租很高、工资相对较低的国家生产出更便宜的羊毛。

同样，那些拥有丰富的熟练劳动力和资本要素的地区就会专门从事工业生产。这些要素在这些地区要比在澳大利亚这样的国家更加便宜。在澳大利亚，这些生产要素只在能够取得很高回报的情况下才会愿意工作，如果它确实有这些生产要素的话。

因此，如果在一个特定的地区，那些廉价生产要素相对密集型的商品能够便宜地被生产出来并用于出口，那么结论就是：那些被从一个地区出口到另一个地区的商品大体上是这一地区充裕因而价格低廉的要素密集型的商品。另一方面，如果对那些本地区生产将比较昂贵的商品是进口自其他地区的，那么就可以得出结论：一个地区进口的通常是那些需要大量使用该地区因为稀缺因而相对较昂贵的要素进行生产的商品。总之，相对稀缺要素密集型的商品被进口，相对充裕要素密集型的商品被出口。换句话说，供给充足的生产要素被用来交换供给短缺的生产要素。澳大利亚用羊毛和小麦换取工业产品，因为前者包含了大量的土地和很少的劳动力，而后者则恰好相反。因此，澳大利亚的土地被用来交换欧洲的劳动力。

再考虑另一个例子。德国的化学工业之所以先进的一个原因就在于德国存在大量受过科学教育的化学家，因此这种劳动力很便宜而且被大量地用于例如化工染料的生产。

本章的核心内容是：如果区际贸易没有发生，那么不同地区的生产要素和商品的相对稀缺性是不同的。贸易发生是因为汇率将相对差异转化为绝对差异。这样，每个地区都会生产比其他地区成本更低的商品，亦即是那些廉价生产要素密集型的商品。换句话说，那些需要大量使用相对稀缺要素的商品将会从那些该要素不那么稀缺的地区进口，因此间接导致充裕要素的出口和稀缺要素的进口。

第二章　区际贸易的作用

区际贸易的直接结果就是不同区域之间商品价格的均等化。但是从上一章中可以看出，生产要素价格的均等化同样也会实现。这是因为进口商品大体上是那些需要大量使用极其稀缺的生产要素的商品，而另一方面，出口的是那些需要大量使用相对不那么稀缺要素的商品。区际贸易以及劳动分工将导致对相对充裕要素的需求增加以及对相对稀缺要素的需求下降，因而就存在区际之间要素价格均等化的趋势。一个有着广阔土地却人烟稀少的国家将主要生产需要使用大量土地而相对较少劳动力的商品。如果生产劳动密集型商品，那么很显然，在劳动分工和交易体系下，对劳动力的总需求将会更大而对土地的需求将会更少。例如，如果澳大利亚自己生产其所需的工业化产品而不是从欧洲或者是美国进口以交换农业产品，那么一方面，对于劳动力的需求将会更大，工资因此就会更高，而另一方面，对土地的需求以及地租将会因此而低于现有水平。同时，如果欧洲各国都坚持各自生产所有农产品而不是部分地从国外进口，那么欧洲的土地稀缺性将会更加严重而劳动稀缺性将会比现有水平更低。因此，贸易将提高澳大利亚的土地价格并降低欧洲土地价格，同时使得澳洲的工资下降而欧洲的工资上升。换句话说，这就是一种近似于生产要素价格均等化的趋势。

前文一直都假定生产要素是不具有流动性的，因此不同地区要素相对稀缺性的均等化无法通过要素本身从一个地区向另一个地区转移而实现。很显然，贸易将会在某种程度上实现这种均等化并因此作为生产要素在地区之间流动的一种替代。

从前面的分析中可以看出，区际贸易产生的必要条件是生产要素价格的差异，但同时，贸易将会促使要素价格均等并创造一个统一的价格结构。因此，可以说贸易将会形成一种与促成贸易的原因相反的力量。这与均衡的一般标准相一致，且并不意味着贸易将会随着不同区域要素价格的完全均等化而停止。相反，贸易将会继续，因为否则的话先前的要素稀缺性的差异将会重新出现。然而，贸易规模却不会进一步扩大。

现在我们引入生产要素的有限可分性是恰当的。正如第一章所示，它是交易的一个原因，而且由于生产要素的地域分布，它也同样是区际贸易的间接原因。而贸易反过来又意味着一种趋势：抵消有限可分性的不利之处并实现完全可分性下所能达到的要素利用效率。我们已经发现，生产要素禀赋差异（即有限的要素流动性）导致的区际贸易会形成一个统一的价格结构并因此实现完全要素流动性条件下所能获得的要素利用程度。在这里，我们显然得到一个完全平行的关系。总的来说，区际贸易的作用就可以归纳为*一种可以消除生产要素的有限可分性和有限流动性所带来的缺陷的趋势*。

然而，这一趋势无法完全实现。有限可分性使得即使在大规模生产中，生产要素也无法实现最有效的组合。出于各种我们在这里无法陈述的理由，将生产规模扩大到某一个特定的最优水平之上是无利可图的。即使是在最优的企业规模上，有限可分性也可能是实现生产要素完全有效利用的障碍。因为部分（而不是全部）生产要素可以在更大的生产规模上得到更有效率的使用。

对于区际贸易通过建立起一个统一的价格结构来消除生产要素有限流动性的不利影响的这一趋势，我们也可以得出同样的结论。即便是不存在运输成本的情况下，贸易也可能无法实现要素价格完全均等化。这需要更进一步的研究。正如前文那样，对这一问题采取间接的方式来讨论将更加方便。首先是考察在什么条件下会实现完全均等化，然后考察这些条件在多大程度上可以成立。

然而生产分布在不同的地区，所有的稀缺资源都应该被利用：也就是说，任何特定区域的所有产业对稀缺生产要素的总需求量必须恰好等于总供给量，这一条件可以在某些生产要素价格水平上实现，而在其他价格水平上却不行。如果在某一特定的价格水平上，某些生产要素没有被利用，那么它们就会与其他同类型的生产要素相竞争，并迫使其他生产要素的价格下降。通过这种相对价格的变化，用这些未被利用的生产要素去替代其他要素就会变得有利可图：均衡只有在所有要素在某种价格水平下全部被利用时才会实现。

现在为了使不同地区的生产要素相对价格相等，必须使每个地区生产要素的需求在这一价格水平下恰好等于其供给。换句话说，生产必须以这样一种方式配置：在一个区域中的所有企业对生产要素的总需求正好与总供给一致。显然，这种情况很难轻易实现。找到这样一种商品组合，使得它们在这一价格水平下所使用的要素比例正好使得该地区内每种生产要素的总需求等于总供给，这种可能性取决于每种生产要素供给之间的关系以及每种商品在生产过程中对不同生产要素的需求。供给可能是如此的不平衡，以至于没有哪一种商品组合可以以这样的比例使用要素。在一个人口稀少的农业国家可能只有很少的劳动力，在与外国相同的工资-地租比率下，只有一小部分土地被使用。可能没有商品是需要这么少的劳动和这么多的土地的，结果是，土地租金相对于工人工资而言要比其他国家更低，以及更广泛的农业生产。这仅仅是不匹配的要素关系带来影响的一个例子，还有许多其他可能的情形。即使在某一个地区存在这样一种产业的组合，其所需生产要素数量与生产要素的供给正好相等，那么也可能出现这种情况：所有地区对这些商品的总需求非常有限以至于该地区无法专门从事这些商品的生产，同时还需要生产其他的商品，这就意味着生产要素的相对稀缺性背离了与其他地区相一致的状态。

需要注意的是，小规模的生产是无利可图的这一事实限制了每个地区内可能的产业组合范围。举例来说，假设生产一定数量的某种商品所需要的生产要素的供给恰好是某一地区所实际拥有的要素供给量。然而，对于该种商品而言，所能生产的这一数量可能相对太少，以致以如此小、无利可图的规模进行的生产根本不可能发生。因此，规模经济效应的存在就会妨碍生产分布实现要素价格均等。特别是当地区规模较小的时候，生产要素的有限可分性更是会大幅度限制要素价格实现跨区域均等的可能性。每一地区生产的商品种类都将很有限，从而大大降低在相同要素价格下每个地区要素需求与要素供给相一致的可能性。

我们很难给出生产要素价格完全均等化条件的一个精确定义。最接近的一种可能是，在以下三者之间一定存在着一种显著的关系：(1)商品以及要素的技术特征，包括要素的有限可分性；(2)生产要素的供给；(3)需求的自然属性。这种关系一定是这样的：在所有地区都具有相同价格的情况下，每一个地区内都形成一种特定的产业组合，使其所使用的要素总量恰好与要素供给相等。正如我们将在接下来的一章中更详细探讨的，这种情况只有在上述三要素之间有一个适当的关系时才能实现，而这种恰当的关系在价格决定的问题中被视为既定的条件。不幸的是，评估这种情况发生的可能性是不可能的，因此也就没有理由假设它一定会发生。一个纯粹的数学分析表明，更可能的是，一些特定的常量将无法满足要求的条件。在这种情况下，得出的结论就是，区际贸易促使地区间形成一致的价格结构这种趋势将不会充分地实现。

第三章 数学化说明[①]

在价格决定问题的大多数现代处理方法中，各种不同因素之间的关系往往被认为是一种相互依存的关系，而不是单向因果关系。价格不是由生产成本决定的，即不是由要素价格决定的。而生产要素价格也不是由商品价格通过某种所谓的“例如”(译者注：原文为德语，意为通过扣除利润及其他相关费用推算出要素价格的方法)的方法来决定的，而是所有的价格都同时被决定。因此，其因果顺序是一个圆，而不是一个有头有尾的链条。用一个数学公式来清楚地阐明这种因果关系是特别合适的。下面我们就试图列出一系列方程组来说明上述观点。

这里的阐述与卡塞尔教授在《政治经济学原理》[②]中的论述相似，但我们的任务是扩展他的论述。设想一个区域存在两个贸易区(*regions*)。假设在一个地区有 r 种生产要素，各种要素的可获得数量固定不变，分别表示为 $R_1, R_2, \cdots, R_r$，因此，这些数值是固定不变的。

---

① 即便跳过本章的讨论也不影响论述的连贯性。本章包含对第一章和第二章内容的更加详尽的处理。此外，本章还论述了价格形成过程中要素构成之间的内部关系。

② 1918 年出版，莱比锡，第四章。

这些生产要素被用来生产各种商品。我们假定有 n 种商品，以 $a_{11}, a_{12}, \cdots, a_{1r}$ 来表示生产一单位第一种商品所需要使用的每种生产要素的数量，以 $a_{21}, a_{22}, \cdots, a_{2r}$ 表示生产一单位第二种商品所需要的每种生产要素的数量。以此类推，$a_{n1}, a_{n2}, \cdots, a_{nr}$ 则表示生产一单位第n 种商品所需要的每种生产要素的数量。这些常数$[a_{ij};\ i=1,2,\cdots,n;j=1,2,\cdots,r]$被称为技术系数（technical coefficients），它们表示生产第 i 种商品所需使用的第j 种要素的数量。它们显然依赖于生产要素的相对价格，而后者也决定了生产要素的使用组合。正如名称所示，技术系数意味着生产的技术条件，即在给定的要素价格条件下不同商品生产使用不同的要素比例。它们涉及商品以及要素的技术特征，因此在这时我们可以设定它们为给定的条件。

很显然，技术系数可以被视为生产要素价格的函数，而该函数形式是由纯粹的技术条件决定的。

$$\begin{array}{l} a_{11} = f_{11}(q_1\ q_2 \cdots q_r) \\ - - - - - - - - - - - - \\ a_{nr} = f_{nr}(q_1\ q_2 \cdots q_r) \end{array} \qquad (1)$$

价格决定是如何取决于这些条件的呢？[①] 对于这个问题，要素价格 $q_1, q_2, \cdots q_r$ 是未知数。我们可以根据这些生产要素价格和技术系数来计算第 n 种商品的价格。令商品的价格为 $p_1\ p_2, \cdots p_r$，我们可以得到：

① 正如第三章第一部分的论述，此处的分析不考虑生产要素有限可分性，且不考虑商品运输成本。

$$
\begin{aligned}
a_{11}q_1 + a_{12}q_2 + \cdots + a_{1r}q_r &= p_1 \\
a_{21}q_1 + a_{22}q_2 + \cdots + a_{2r}q_r &= p_2 \\
a_{n1}q_1 + a_{n2}q_2 + \cdots + a_{nr}q_r &= p_n
\end{aligned}
\tag{2}
$$

假设每个消费者的购买力是给定的，一旦我们知道商品的价格，我们就可以知道每种商品的总需求。我们知道商品价格之后，就可以推导出每个消费者对各种不同商品的需求。每个个体的需求模式归根结底是一个技术因素，因此我们可以看作是给定的。而且，当我们把总需求描述成商品价格的函数时，这种个体需求模式决定了其函数形式。商品的总需求也就可以通过将个体需求加总的形式得到。然而，消费者的购买力取决于要素价格，因为消费者作为要素的所有者获得他们的购买力。因此，各种不同商品的需求不仅是关于商品价格的函数，同时也是要素价格的函数。因此，对于第一种商品，我们可以得出 $E_1 = F_1(p_1 \cdots p_n; q_1 \cdots q_r)$，其他也类似。而通过(2)式，我们可以把要素价格 q_s 表示成商品价格 p_s 的函数，这样一来，我们就可以写成如下形式：

$$
\begin{aligned}
E_1 &= F_1(p_1 \cdots p_n) \\
E_2 &= F_2(p_1 \cdots p_n) \\
&- - - - - - - - - \\
E_n &= F_n(p_1 \cdots p_n)
\end{aligned}
\tag{3}
$$

在完全均衡状态下生产应等于消费，因此 $E_1 \cdots E_n$ 也就表示各种商品的生产数量。对不同的生产要素的需求也就可以通过(2)式推算出来。生产一单位的第一种商品需要使用 a_{11} 的第一种生产要素，因此生产 E_1 单位的第一种商品所需要使用的第一种要素的数量就是 $a_{11}E_1$。对于第二种商品，同样是第一种生产要素使用的数量为 $a_{21}E_2$。以此类推，对第一种生产要素的总需求就是所有这些的加总。因为每种生产要素可以获得的总量必须全部得到利用(价格形成机制的任务就是将需求降到供给的限制范围内),所以每种要素的需求必须与其供给量相等。于是有:

$$\begin{aligned} a_{11}E_1 + a_{21}E_2 + \cdots + a_{n1}E_n &= R_1 \\ a_{12}E_1 + a_{22}E_2 + \cdots + a_{n2}E_n &= R_2 \\ &\cdots\cdots \\ a_{1r}E_1 + a_{2r}E_2 + \cdots + a_{nr}E_n &= R_r \end{aligned} \tag{4}$$

根据式(3),$E_1 \cdots E_n$ 是 $p_1 \cdots p_n$ 的函数,而根据式(2),$p_1 \cdots p_2$ 又是 $q_1 \cdots q_n$ 的函数。同样地,根据式(1),$a_{11} \cdots a_{nr}$ 也是 $q_1 \cdots q_r$ 的函数。这样一来,未知数就只有 r 个,根据方程组(4)可以求出它们。其他的未知数可以通过其他方程组求出,这样所有的价格都能确定。

为了说明两个交易区域内的价格形成机制,我们首先应该研究在什么条件下它们之间会产生交易。要解决这个问题,仍然可以像第二章那样把问题倒过来,研究在什么条件下贸易不会发生。答案是如果在无贸易情况下两个地区的商品相对价格是一致的,那么交易是没有必要也是不可能发生的。[①] 所以就有必要研究在什么条件下会存在这种价格的一致性。我们用上述同样的变量符号来表示 A 地区,然后用相应类似的符号来表示 B 地区的相关变量,如下所示:

	A	B
技术系数	$a = f(\quad)$	$b = f(\quad)$
生产要素价格	q	g

① 仍然在前文论述过程中所涉及的生产要素完全可分性的假设条件下。

商品价格	p	v
商品需求	$E=F(\quad)$	$I=U(\quad)$
生产要素禀赋	R	S

假设每个地区都存在 n 种商品和 r 种要素，如果在某一个地区中没有某种要素，那么方程组就会去掉一个方程，但同时也就减少了一个未知数。因此，问题仍然是可以求解的。两个分离的区域，唯一的相同点是 $f(x)$ 的函数形式。它表示技术系数对生产要素价格的依赖。这意味着在所有地区中，技术条件都是相同的。因为它们是与商品和要素的技术特征有关，与其所在的地区没有关系。这样，A 和 B 两个地区的生产成本和商品价格就可以用下面的方程组(5)来表示：

$$
\begin{array}{cc}
A & B \\
a_{11}q_1+\cdots+a_{1r}q_r=p_1 & b_{11}g_1+\cdots+b_{1r}g_r=v_1 \\
\cdots\cdots & \cdots\cdots \\
a_{n1}q_1+\cdots+a_{nr}q_r=p_n & b_{n1}g_1+\cdots+b_{nr}g_r=v_n
\end{array}
\qquad (5)
$$

上述方程组揭示了封闭状态中的生产成本和商品价格。很显然，在这些地区相互开放之后，如果条件(6)满足的话，它们之间将不存在贸易。

$$p_1:p_2:\cdots:p_n=v_1:v_2:\cdots:v_n \qquad (6)$$

这个条件至少有两条路径可得到满足。第一是生产要素的相对价格相等：

$$q_1:q_2:\cdots:q_r=g_1:g_2:\cdots:g_r \qquad (7)$$

在这种情况下，A 地区和 B 地区中生产要素必须按同样的方式组合。这样一来,技术系数不仅要成比例,而且要完全相同。[①]

$$a_{ij} = b_{ij} \qquad (i = 1, 2 \cdots, n; j = 1, 2 \cdots, r) \tag{8}$$

通过利用式(7)和(8),方程组(5)可以变化为 $p_1 = lv_1, p_2 = lv_2, \cdots, p_n = lv_n$,其中,$l$ 是任意的正的常数。这样一来条件(6)就可以得到满足。即当区域间生产要素的相对价格相等时,区际贸易就不会发生。

然而,条件(6)也可以通过另一个途径得到满足,即当技术系数之间存在一种特殊的关系时。我们假设

$$\begin{aligned} & a_{11} : a_{12} : \cdots : a_{1r} = \\ = & a_{21} : a_{22} : \cdots : a_{2r} = \\ & \text{— — — — — — — — — — — —} \\ = & a_{n1} : a_{n2} : \cdots : a_{nr} \end{aligned} \tag{9a}$$

$$\begin{aligned} & b_{11} : b_{12} : \cdots : b_{1r} = \\ = & b_{21} : b_{22} : \cdots : b_{2r} = \\ & \text{— — — — — — — — — — — —} \\ = & b_{n1} : b_{n2} : \cdots : b_{nr} \end{aligned} \tag{9b}$$

如(9a)所示,如果 A 地区中每种商品的生产中所使用的各种要素的比例都相同,那么根据方程组(5)就可以得到

$$p_1 : p_2 : \cdots : p_n = a_{11} : a_{21} : \cdots : a_{n1} \tag{10a}$$

类似的,对于 B 地区也是一样的。从(9b)和(5)中可以得到

$$v_1 : v_2 : \cdots : v_n = b_{11} : b_{21} : \cdots : b_{n1} \tag{10b}$$

要使商品相对价格相等,就必须使:

$$a_{11} : a_{21} : \cdots : a_{n1} = b_{11} : b_{21} : \cdots : b_{n1} \tag{9c}$$

---

① 当然,A 地区生产某一特定商品所需的每一种生产要素都高于 B 地区的情形是不存在的。反之亦然。

若(9a,b,c)得到满足,那么贸易便不会发生。[①]

这些条件意味着,如果在 A 地区所有商品的生产中所使用的生产要素比例相同。同样,在 B 地区所有商品的生产中所使用的生产要素比例也相同。那么即使不必使 A 地区和 B 地区之间的商品生产要素比例相同,每个地区内商品的相对价格也将与任意一种商品生产中所使用的要素相对数量成比例。生产一定数量的铁所需使用的非熟练劳工是生产一定数量衣物所需非熟练劳工数量的两倍,那么生产铁所需使用的所有其他生产要素的数量也一定是生产衣服所需要素的两倍。无论各种生产要素的价格如何,这一定量的铁的生产成本都将是衣服的两倍。只要满足(9a)和(9b),不同商品的生产成本之间的比例只需要考虑其中任意一种生产要素的使用量比例就可以了。如果在 A 地区生产一单位每种商品所需要使用的非熟练劳动力数量分别为 $a_{11}, a_{21}, \cdots, a_{n1}$,而在 B 地区相应的是 $b_{11}, b_{21}, \cdots, b_{n1}$。那么比较一下式子(10a)和(10b)可知,在 A 地区中各种商品的相对价格将与 a 的关系成比例,而在 B 地区中,各种商品的相对价格将与 b 之间的关系成比例。因此,根据某一特定生产要素(比如非熟练劳动力)的投入量来计算的商品的比较成本如果在两个地区是相同的,那么商品的相对价格也必定是相同的,参见(9c)。

基于这种关系我们有必要指出,传统国际贸易理论的基本条件就是要满足条件(9a)和(9b)。[②] 因此,李嘉图的结论,即商品的

① 比较前文所引用的赫克歇尔的书,第 15 页,在那里他得出了一个不同的结论。

② 古典经济学考察了土地的独特性。

相对成本差异是导致国际贸易产生的必要条件，意味着(9c)一定不能被满足。

因此上述分析的结果是国际贸易将会发生，除非(1)生产要素的相对价格相同；或者(2)两个地区所有商品的生产中生产要素的组合方式相同，即商品的比较成本相同。在这里，“比较成本”的含义是某种特定生产要素(如非熟练劳动力)在不同商品生产中投入水平之间的关系。

以上这些就是区际贸易产生的条件。很显然，这些条件也适用于一般贸易。在现实中不存在使贸易不会发生的第二个条件。至于第一个条件，即使可能得到满足也非常少见。

我们的下一个任务则是考察两个贸易地区内的价格决定机制。实现的方法就是通过将每个独立地区的价格决定机制结合在一起，这一基础已经在本章开头简要地描述过了。对于 A 地区，我们已经列出了方程组，B 地区的方程组可以通过将所有表示 A 地区的符号都替换成 B 地区的相应符号来得到。当解除彼此封闭的状态，地区之间就产生了商品贸易，这时价格结构将发生什么变化则是问题所在。

两个区域之间的联系必然会导致两种货币单位之间的一种关系，即一个汇率水平。通过汇率，一个地区的价格便可以与另一个地区的价格相联系，即使它们之间的货币单位不同。[①] 我们假设

① 此处并没有假定某种形式的金本位制度。一个更为恰当的做法是假设两个地区都实行自由的货币制度。

汇率为 K，A 地区的货币单位是 B 地区货币单位的 K 倍，那么当 B 地区商品价格为 $V_1, V_2, \cdots, V_n$，以 A 地区的货币表示，就等于 $V_1/K, V_2/K, \cdots, V_n/K$。$A$ 地区的居民将比较这些价格和他们自己的价格，那些可以在 B 地区更便宜地获取的商品将会被进口，其他商品将被出口到 B 地区。每个地区都将生产转向它能更便宜地生产的商品上，在每一个可能的 K 值范围内——即在每一种可能的汇率水平上——都会有一些商品，其价格在 A 地区比在 B 地区更低，同时，其他商品的价格在 A 地区要比 B 地区更高。我们以 m 来表示价格在 A 地区较低的商品数量，那么在 B 地区比较便宜的商品数量就是$(n-m)$。很显然，m 不仅取决于 A 地区与 B 地区商品的价格差异，而且还取决于汇率。我们可以得到：

I

$$m=\varphi(K; p_1 \cdots p_n; v_1 \cdots v_n)$$

对于每一个给定的 K 值都会存在一个 m 值与其对应，因此也会在 A 地区与 B 地区之间存在一个特定的生产配置。前 m 种商品将会在 A 地区生产，而剩余的商品将在 B 地区生产。前 m 种商品的价格通过 A 地区中各种生产要素的价格与其相对应的技术系数相乘再加总得到，而后$(n-m)$种商品的价格也运用相同的方法将 B 地区中的要素价格乘以相应的技术系数而得到。

II

$$a_{11} q_1 + a_{12} q_2 + \cdots + a_{1r} q_r = p_1$$

$$- - - - - - - - - - - - - - - - - -$$

$$a_{m1} q_1 + a_{m2} q_2 + \cdots + a_{mr} q_r = p_m$$

$$b_{m+1,1}g_1 + b_{m+1,2}g_2 + \cdots + b_{m+1,r}g_r = v_{m+1}$$

$$-----------------------$$

$$b_{n1}g_1 + b_{n2}g_2 + \cdots + b_{nr}g_r = v_n$$

与前文表示开放之前情况的公式(2)相对应,在上面的这组方程中,$p_1, p_2, \cdots, p_m$ 和 $v_{m+1}, v_{m+2}, \cdots, v_n$ 表示了在一定汇率下的商品相对价格,而这些价格此时在两个地区中是相等的。两个地区中的需求可以表述如下:

III

$$A$$

$$E_1 = F_1(p \cdots p_m; v_{m+1} \cdots v_n; K)$$

$$-----------------$$

$$E_n = F_n(p_1 \cdots p_m; v_{m+1} \cdots v_n; K)$$

$$B$$

$$I_1 = U_1(p_1 \cdots p_m; v_{m+1} \cdots v_n; K)$$

$$-----------------$$

$$I_n = U_n(p_1 \cdots p_m; v_{m+1} \cdots v_n; K)$$

对每种商品的需求都是所有商品价格的函数。在 A 地区中这些商品的价格是:

$$p_1 \cdots p_m; \frac{v_{m+1}}{K} \cdots \frac{v_n}{K}$$

在 B 地区中的商品价格是:

$$Kp_1 \cdots Kp_m; v_{m+1} \cdots v_n$$

在 A 地区中生产的这几手中商品数量不再是 $E_1, E_2, \cdots, E_n$。其中,m 种商品的生产数量必然要同时满足 A 和 B 两个地区的需求,但同时这 m 种商品只由 A 地区生产。A 地区不需要再生产其他的商品,因为可以从 B 地区进口。另一方面,这 m 种

商品也不会在 B 地区生产，它只生产剩余的其他几种商品。生产出来的其他商品一部分满足本地区内的需求，一部分出口到 A 地区。以下方程表明所有生产要素都得到了充分利用。

IV

$$a_{11}(E_1+I_1)+\cdots+a_{m1}(E_m+I_m)=R_1$$
$$\vdots$$
$$a_{1r}(E_1+I_1)+\cdots+a_{mr}(E_m+I_m)=R_r$$
$$b_{m+1,1}(E_{m+1}+I_{m+1})+\cdots+b_{n1}(E_n+I_n)=S_1$$
$$\vdots$$
$$b_{m+1,r}(E_{m+1}+I_{m+1})+\cdots+b_{nr}(E_n+I_n)=S_r$$

下面第五个方程组表明技术系数取决于要素的价格：

V

$$a_{11}=f_{11}(q_1\cdots q_r)$$
$$\vdots$$
$$a_{mr}=f_{mr}(q_1\cdots q_r)$$
$$b_{m+1,1}=f_{m+1,1}(g_1\cdots g_r)$$
$$\vdots$$
$$b_{nr}=f_{nr}(g_1\cdots g_r)$$

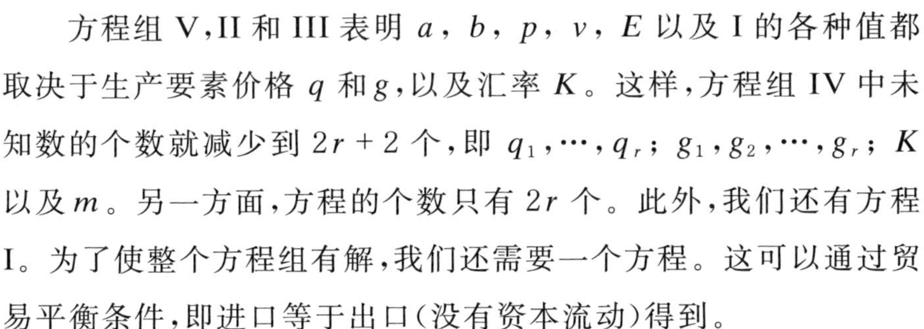

方程组 V，II 和 III 表明 a，b，p，v，E 以及 I 的各种值都取决于生产要素价格 q 和 g，以及汇率 K。这样，方程组 IV 中未知数的个数就减少到 $2r+2$ 个，即 $q_1,\cdots,q_r$；$g_1,g_2,\cdots,g_r$；K 以及 m。另一方面，方程的个数只有 $2r$ 个。此外，我们还有方程 I。为了使整个方程组有解，我们还需要一个方程。这可以通过贸易平衡条件，即进口等于出口（没有资本流动）得到。

VI

$$I_1Kp_1+\cdots+I_mKp_m=E_{m+1}v_{m+1}+\cdots+E_nv_n$$

等式左边表示 B 地区从 A 地区的进口，右边表示 A 地区从 B 地区的进口，二者都以 B 地区的货币来表示。

这六个方程组说明了两个贸易地区的价格决定过程。它们表明了价格机制的所有不同因素之间的相互依赖关系。除了最终消费品之外，将这些方程组进行一般化以包含中间产品的区际贸易的做法并没有什么难度，但是却不具有什么太大的意义。

正如前一章所述，贸易将会导致地区之间要素价格的均等化。只有在特定条件下，这一均等化趋势才能完全实现。就这一结论而言，上述方程组也提供了有意义的信息。

如果生产要素经由区际贸易而实现均等，那么上述方程中不同的 q 将对应于不同的 g（对于所有的 i，$q_i = g_i$）。如果第 II、III 和 V 方程组被用于求解其他未知的 K，m 以及 $q_1, q_2, \cdots, q_r$，那么将只有 $r + 2$ 个未知变量，但是却有 $2r + 2$ 个方程（I，IV，VI）。因此这一问题的解就是超定的，因为有 r 个未知变量已经被消除，但是方程个数却没有减少。只有当这一问题的既定因素满足特定条件的时候（R，S 以及各方程表达式），方程组才存在解。没有理由假设这一特定情况总是得到满足。因此，我们应该认为完全的要素价格均等化是难以实现的。

第四章　运输成本的影响

商品和要素的有限流动性对于区际贸易有着重要的影响，需要在本章进行考虑。首先是商品从一个地区向另一个地区运输相关联的成本。另外还存在与商品运输相关的其他形式的损耗。对某些商品来说，这种运输成本相对不重要。相对于其重量和数量而言，比较贵重的商品能够以一个相对其价值而言较小的成本进行全球运输。对于另一些商品而言，即使是短途运输所带来的成本也将会超出该商品的生产成本。

商品运输成本的存在导致不同区域之间商品价格的差异。[①] 在国际范围内进行交易的每种商品在其生产国国内的价格都会低于在进口国国内的价格，而其间的差异至少等于运输成本以及其他与贸易相关的成本。

在有些情况下，价格差异可能会高于商品生产成本的差异，因此更有利可图的做法是在两个地区同时生产而不是从能够更廉价地生产该商品的地区进口。例如，假设在 A 地区，总成本是 90 瑞典克朗，而在 B 地区为 100 克朗，该商品从 A 到 B 的运输成本不低于 20 克朗。在这种条件下，如果从 A 地区进口，那么该商品在

① 基于前文所述的理由，我们忽略地区内商品流动的成本。

B 地区至少是 110 克朗，而 B 地区自己生产这一商品的成本仅为 100 克朗。很显然，在 A 地区和 B 地区都生产该商品是有利可图的，这样一来区际贸易就不会发生。只要生产成本的差异小于运输成本，劳动分工和交易将失去价值，每一个地区将生产该地区所需要的该种商品的全部数量。

因此，运输成本限制了区际贸易的范围。这很显然弱化了生产要素价格均等化的趋势。因此运输成本不仅对商品价格均等化构成了阻碍，而且也间接地弱化了要素价格均等化趋势。而且，贸易范围的缩小意味着生产要素不完全可分性的影响远比在其他情况下更为显著。

第五章　区际贸易的收益

贸易使要素价格均等化的趋势是力求实现效率最大化的经济活动之一。在一个自给自足的地区，自由竞争通过创造统一的商品和要素价格来达到使生产和消费的模式最能够接近其所需的结构和强度。在一群相互交易的地区之中，它同样会达到相同的效果。价格越统一，提高效率的调整就能越完善，实现满意程度最大化的趋势就越强。因此，商品的自由交换一方面会使不同地区间商品价格趋同。另一方面会缩小（如果不是完全消除的话）生产要素价格之间的差异。正是这种作用使得贸易伙伴能够从中获利。

地区间生产要素相对稀缺性的差异意味着一种不经济的生产模式。在一个地区，某种特定生产要素必须以最经济的方式来使用，并尽可能地用另一种比较不稀缺的要素来代替它。而另一个地区相对稀缺的则恰是前一个地区丰裕的要素，因此只能以非常节约的方式来使用它们。在一个地区充裕的要素就会在另一个地区被节约使用，反之亦然。在这种情况下，生产要素供给的均等化将会明显地提高生产效率。

假设在 A 地区有大量的劳动力供给，因而价格也相对较低，而土地的租金较高；另外一个地区 B 拥有丰富的土地，因此土地租金较低而工资较高。劳动的边际产出一定在 A 地区相对较低，而土地的边际产量则相对较高。因为工资和地租取决于劳动和土地的边际生产力，因此，如果一些劳动力可以从 A 地区转移到 B 地区，那么 A 地区生产的减少将会相对低于后者生产的增加，一个高的边际产出将取代一个低的边际产出。[①] A 地区的工资将会上升，B 地区将会下降，也就是两地区的工资将迈向一个相等的水平；与此同时，土地租金将在 A 地区下降而在 B 地区上升，两地区的地租也同样会趋于均等。其结果就是土地和劳动力相对价格都将趋于均等化。

现在，如果生产要素是不可流动的，那么劳动力不能从 A 地区转移到 B 地区。那么通过商品交易使得生产要素的相对价格趋于均等同样可以实现生产效率的提高。这种趋同是肯定的，因为从两个地区来看，商品的交换意味着以本地区充裕的要素来交换相对稀缺的要素。两种情形下的效果都是一样的：因为要素的相对价格在两个地区已经一致了，并且它们的价值是由世界的总供给和总需求来决定的，那么它们在生产中的使用和组合就会与允许要素自由流动时一样有效率。唯一不同的是，在要素自由流动的情况下所有商品可以在任何地方生产，而在要素不可自由流动的情况下，生产要素的地理分布将决定生产的地理分布。

货物流动的成本，尤其是运输成本，构成了区域间贸易的障碍，从而也是生产要素价格均等化的障碍。而假如贸易不受这些成本的限制，生产要素价格的差异将会消失。正如上文所述，当地

① 由于商品价格存在差异，以货币形式表示的边际收益并不等于以商品数量表示的边际产出。因此，上文所述的比较分析是不精确的，但它足以充分阐明该推论。

区之间要素的相对价格存在差异时，要素的使用效率要低于要素价格一致时的使用效率。任何妨碍生产要素价格均等化的因素，例如商品运输成本，都阻碍经济活动实现效率最大化的能力。

很明显，从贸易中得到的收益来自于整个价格结构的调整。如果我们只关注这个机制的某一部分，即只涉及地区之间进行贸易的商品，那么我们就无法完整地理解这一收益的本质。不仅这些商品的价格及其产出受贸易的影响，贸易对其他商品的影响或许不那么直接，但是决不会因此而不重要。商品交易带来的生产要素相对稀缺性的变化必然会反映在那些既不进口也不出口的商品及其生产成本的变化上。此外，对这些商品的需求不仅取决于它们自己的价格，也取决于其他商品的价格。而这些商品是会直接受到区际贸易的影响的。因此，通过贸易这一渠道整个价格构架都将发生变化。

如果一些地区之间彼此隔绝，那么每个地区都有一个取决于该地区供给和需求的独立价格机制。这些单一价格机制通过贸易相互联结成为一个统一的价格机制，并取决于所有地区的总供给和总需求。*A* 地区生产要素的供给量会影响 *B* 地区的商品价格，而 *B* 地区需求的波动也会影响 *A* 地区的商品价格。将这样一个适当统一的价格机制与一系列较小的独立的价格机制相比较，就会突显出对外贸易的影响。价格决定机制的特征——若干要素的相互依存性——保证了贸易不仅影响机制中的少数几个特殊因素，很可能影响各种不同的价格和数量。它们将比自给自足情形下更加接近商品和要素在地区之间都实现自由流动时的状态。简而言之，从区际贸易中获益是由于相互制约的结构比一组各自独立的机制更接近要素与商品具有完全流动性时的状况。在这种情况下,所有地区形成了一个整体。

对于大地区和小地区之间贸易的研究清楚地表明:组合的价格机制更类似于大地区在封闭状态下的价格机制。也就是说,大地区的价格及生产条件不会显著地受到小地区生产要素供给和商品需求的影响。另一方面,小地区的价格结构必然较大地受到大地区的影响。因此,那些由贸易引起的有助于形成统一价格结构的变化在小地区中就会更显著,从而小地区会从区际贸易中获益更多。这仅仅用另一种方式表达了一个不证自明的事实:即封闭必然给小地区造成更大的成本损失。

到目前为止,我们还只是分析了区际贸易的一方面影响,即它能够减少由于生产要素的有限流动性造成的损失。它的另一个特征——降低由于生产要素有限可分性所产生的成本——则无须赘述;它与区际或者说地区间贸易的特性——即交易的空间角度——没有关系。重要的是,想要使不可分的生产要素得到有效率的使用,就需要组织大规模的生产。当生产要素的地理分布妨碍了大规模的生产,而交易又没有一个空间维度时,任何有可能减少由于有限可分性而产生的损失的系统都必须包含区际贸易。因此,从这样的贸易中获得的利益来源于降低由于生产要素的有限可分性和有限流动性造成的成本。然而,对这个问题的更深入的研究属于一般的价格决定理论。在区际贸易理论中需要注意的仅仅是,它与其他贸易一样都涉及劳动力可分性的增强以及由此带来以上所讨论的优势。

第六章　价格变化的初步讨论

对比封闭的地区与相互贸易的地区可以清楚地显示出区际贸易的影响。然而，某个区域从封闭状态转变到开放贸易在当前是一种比较罕见的现象。如果需要进行详细的研究，那么对价格结构中的其他一些变量进行分析将更加合适。比如，某种特定产品的需求会在短时期内发生显著的变化；同样，单一商品的供给也会受发明创造或歉收等因素的影响而发生变化；我们还必须考虑到贸易壁垒的变化，比如关税的上升。这些变量将是我们在第二部分进行更详尽考察的主要对象。在这一章里面，我们将仅仅考察一个高度简化的价格机制及其运作。因此，我们没有必要对若干可能的情况开展细致的讨论。为了阐明这个简化的机制的运作，我们只分析一种情况：需求的变化。

首先我们将忽视商品流动性方面的阻碍。在这种情况下，所有的商品都可以用于区际贸易，要么是出口要么是进口。接下来假设 A 地区部分出口商品的需求上升，那么那些生产这些商品所密集使用的生产要素将变得比原来更加稀缺。对部分商品需求的上升反过来意味着对其他商品需求的减少。我们无法事前预知此类需求的变化将会如何在各类商品之间分布。但是我们可以假设，在大多数情况下它既影响 A 地区的商品也影响 B 地区的商品，而不仅仅局限于某一个地区的商品。如上文所述，那些需求上升了的商品生产中所密集使用的要素价格将一定会相对于其他要素价格而言有所提高。前者只是在 A 地区，而后者除了 A 地区的其他要素之外还包含 B 地区的要素。因此，A 地区的生产要素作为一个整体，其价格必然相对于 B 地区而言有所增加，而 A 地区的总收入也将会高于 B 地区的总收入。这一变化的影响可以简单地归结为：A 地区购买和消费的来自两地区的商品总量要高于原有的水平，而 B 地区则低于原有水平。这是变化的第一个阶段。

这一对 A 地区而言有利的购买力的变化紧接着带来要素相对稀缺性的变化，从而导致商品相对价格层面的另一类变化，包括那些并没有即时受需求变化影响的商品。在下文中把此类变化归纳为第二个阶段。我们无法事先确定此类商品价格的变化是 A 地区除了那些需求极度强烈的商品价格相对于 B 地区上升，或是相反，除了那些需求极度强烈的情形。如果这些购买力增加了的个体要比那些购买力减少了的个体将他们的需求更多地导向 B 地区的商品，结果就可能是 B 地区商品价格将会相对地高于 A 地区（除了那些一开始经历了需求增加的商品），如果考虑所有商品价格作为一个整体的话，A 国的贸易条件将会改善。这一结论并不是毫无意义的。很有可能 A 和 B 之间的贸易条件将会变得对 B 有利——除了 A 国那些需求极度强烈的商品。为了显著增加出口并减少进口以缓解最初对 A 国商品需求的增加，B 可能并不必然要以相对于 A 国而言更低的价格出口其商品。另一方面，需求的重新分配很有可能导致 A 地区商品价格相对于 B 地区普遍提高——包括那些最初受到影响的商品。在每一种特定的情形下，结果都将取决于需求弹性以及不同类型商品之间的差异性。同样需要注意到的是，A 地区中那些最初受到影响的商品产量会增加，而且其他商品的供给会因此而减少。后者的价格会相对于在 B 地区生产的商品而有所提升。

总体而言，这一过程意味着 A 地区某些生产要素稀缺性的增加，以及相对于 B 地区商品平均价格的提高。因此，总产出的更大一部分将会流向 A 地区的消费者。也就是说，在所有情况下，B 地区将比原先出口更多以支付其从 A 地区的进口总额的增长。

如果我们将运输成本考虑在内的话结果将会发生怎样的变化呢？再一次假设 B 地区对 A 地区所出口的某些特定商品的需求增加了，因而此类出口商品总值提高了。商品贸易的平衡关系将如何维持呢？由于存在运输成本，有些商品将完全无法实现贸易，因为此类商品在不同地区间的生产成本差异低于运输成本。这些商品被定义为“区内商品(domestic goods)”，[①]以区别于进口和出口商品，后一类商品被称为“区际商品(interregional goods)”。这样一来，如果 B 地区增加对 A 地区的部分出口商品的需求，这意味着 B 对 A 的其他出口商品的需求[②]以及对 B 地区自身商品的需求[③]都下降了。那么不同商品的生产过程中所使用的要素的价

① 区内商品并不包括所有在该地区生产的商品，而仅仅是那些没有参与区际贸易的商品。

② 这一表述在下文中用于指代需求增加了的商品之外的那些出口商品。

③ 当然，这一需求减少仅仅影响两类商品中的一类也是可能的。但是，在一般的讨论中，很自然的一个假定就是这一需求的减少平均地分布于两个群组，尽管它对每个商品的影响程度可能差异很大。

格将会相应地出现增加或下降。总体而言,A 地区的要素价值将相对高于 B 地区。这意味着 A 地区总收入的增加和 B 地区总收入的减少。

就第二阶段的变化而言,很显然 A 地区收入的增加将会带来更大的需求:首先是对来自 B 地区的进口商品,其次是对 A 国自己的出口商品。结果将会是进口增加和出口减少。与此同时,A 地区收入的增加也将会增加对其区内商品的需求,然而这一变化在当前这一阶段并不会立刻对贸易平衡造成影响。B 地区总收入的减少将产生类似的影响。但是,为了维持商品贸易平衡,A 地区最初受到影响的商品出口的增加将必须完全被其他商品出口数量的减少或和进口数量的增加所抵消。很显然,第二阶段的这一条件只能是在这样一种条件下才能得到满足:A 地区需求的增加完全被导向区际商品。但是,既然 A 地区的部分需求是用于区际之间无法贸易的商品,贸易平衡关系在这一导向条件下就无法实现。这里就揭示了当前这一情形与上文所讨论的不含运输成本的情形之间所存在的差异。

为维持贸易平衡所需要的进一步的变化,即第三阶段的变化[①],有两种不同的类型。它们包括商品相对价格的变动以及变动带来的影响。一方面是对需求的影响,另一方面是对生产的影响。A 地区购买力的增加引起的对其"区内商品"需求的增加将导致该商品价格相对于那些区域间可贸易商品的价格上升,因为

① 很显然,第一、第二和第三个阶段的标注法仅仅是为了逻辑区分,而不表示时间上的先后顺序。

对于这些区域间可贸易商品而言，A 地区需求的增加将被 B 地区相应的需求下降所抵消。这种价格变化的结果当然是 A 地区的消费者将消费更多的“区际商品”，从而中和了原本对“区内商品”需求的增加。A 地区对“区际商品”需求的这一增加是一种倾向于维持贸易平衡的现象。B 地区的这种影响是相反的。在 B 地区，总购买力的下降导致需求的下降不仅影响到“区内商品”，也同样影响到“区际商品”。由于 A 地区对“区际商品”的需求增加，因此导致 B 地区“区内商品”相对价格的下降，继而使需求转向“区内商品”。“区际商品”的需求进一步下降，甚至超过了原本已经下降的程度。因此，在这里“区际商品”的需求经历了双重下降：首先是由于该地区购买力下降引起的需求的下降，即第二阶段的变化；然后是由于这类商品变得比“国内商品”更加昂贵而间接引起的需求的下降，即第三阶段的变化。

商品相对价格的变动对需求的另一个影响体现在生产层面。这种影响也在第三个阶段中，与上面所描述的需求方面的变化过程同时发生。A 地区“区内商品”相对价格的上升将生产要素从生产出口产品的产业吸引到生产“区内商品”的产业上来。出口产品产出的减少意味着 A 地区出口的下降。同样，B 地区“区内商品”相对价格的下降使得生产要素向出口产业转移，从而导致 B 地区出口的增加。这种生产上的变化有助于保持贸易的平衡，即使最初需求的变动使得 A 地区的出口增加。

总的来说，A 地区最初的出口增加（那些需求上升了的出口商品）最终将被平衡，一方面通过 A 地区购买力上升导致的对“区际商品”需求的增加，即第二个阶段；另一方面，通过购买力上升导致的该地区“区内商品”价格的上升,而价格的变化改变了需求和生产,即第三阶段。

至于价格,A 地区中那些经历最初需求上升的出口商品的价格将上升,其“区内商品”的价格也小幅度上升,而其他出口商品的价格也会以更小的幅度上升。与此相对,B 地区出口商品的价格将下降,尽管幅度小于其“区内商品”价格下降的幅度。无论如何,这是最有可能的结果。很多其他因素会影响结果,比如需求的价格弹性、总购买力分布的变化给需求模式带来的影响、供给对商品价格变动的敏感度,等等。然而,对所有可能想象的弹性、敏感度的不同组合而形成的各种不同的情形进行深入的探讨将不会产生好的效果。

为了清晰起见,如果我们再次转向贸易平衡的问题,那么从上述的分析中可以很清楚地看到:最初需求增加的那些商品出口的最初增加被三种不同的影响抵消了。第一,A 地区购买力的上升使对“区际商品”的需求部分地增加,从而带来进口的增加和出口的减少;第二,商品相对价格的变化,即 A 地区中“区内商品”相对于进口商品和其他出口商品价格更高,将使得需求转向进口商品和其他出口商品,因此也导致进口的进一步增加和出口的进一步减少;第三,“区内商品”的生产部门以及需求最初增加的产业部门变得更有利可图,因此吸引更多的生产要素,从而使其产出增加。相反,其他出口商品的产出下降,这就使出口再一次减少。

我们注意到,这里得到的结论不同于我们之前在没有考虑商品运输成本时得到的结论。在没有考虑运输成本的情况下我们得到的结论是,A 地区生产要素总体价格将相对提高,使其收入水平(即购买力水平)上升,从而获得两个地区总产出的更大的份额,无论需求在两个地区间如何分布。此时假定所有的商品都可以在两地区间进行交易,因而最终的结果是 *A* 地区的进口增加和出口减少。而当我们考虑运输成本时情况则不同了。*A* 地区购买力的上升引起的需求增加很可能增加了对其“区内商品”的需求,而这无法通过 *B* 地区增加出口或减少消费 *A* 地区的产品(减少进口)以实现商品供给的增加。因此,价格结构必然会发生改变。对于 *A* 地区来说,生产更多的“区内商品”和更少的“区际商品”将更有可能也更加有利;而 *B* 地区的生产必然会从“区内商品”转向“区际商品”。两地区商品以及要素相对稀缺性的变化构成上述过程的基本要素,而单纯的商品价格的研究无法提供答案。

我们已经多次强调过了,相互之间开展贸易的区域应该被视为共同拥有一个单一的价格决定机制。这一结构的任何部分发生变化都将引起所有其他部分的变化。对于区际可贸易商品,我们必须计算所有地区组合起来的总需求并将其与该商品的生产相结合。

任何地区需求的改变都会影响所有地区生产要素和商品的价格。应特别强调的是,需求变动引起的生产调整不仅仅意味着生产要素相对稀缺性的变化,而且还改变了这些生产要素在生产中的组合,即在不同商品的生产中使用的要素比例。这就是为什么需求的转变必然导致生产要素相对稀缺性的变化。那些需求增加了的商品所密集使用的要素会变得更加稀缺,而其他要素价值会下降。结果是,任何生产部门都会采用一些相对充裕的要素去替换相对稀缺的要素。[①] 这也就是需求上升的那些商品的产出扩大为什么能够获得所必需的生产要素的原因。由于生产要素的使用比例不同,某些产业产量的下降不会简单地引起其他产业生产的增加。如果某种使用大量土地进行生产的产品(比如小麦)的需求增加,而另一种需要使用大量资本(比如高档服装)的商品需求下降。那么,前者产量的增加和后者产量的减少将引起土地租金的上升和资本利息的降低。这就导致在所有商品的生产中更多地使用资本并同时更少地使用土地的做法变得更加有利可图。这将使一部分土地被释放出来用于增加小麦的生产。

上述讨论意味着 A 地区价格水平的上升和 B 地区价格水平的下降。这一结论具有一定的意义,因此我们将在第二部分作更加详细的考察。在第二部分中,我们将结合不同的货币制度组织形式。只有通过对不同的货币制度组织形式的研究,我们才能分析总购买力的改变是如何发生的。如果两个地区属于同一个国家,也就是拥有共同的货币制度,那么购买力在两个地区间分布的改变就可以简单地通过货币的流入和流出来实现。相反,如果两个地区拥有不同的货币制度,那么情况就复杂得多了——我们在这里暂不做讨论。本章所强调的是:不论是在什么样的货币制度组织形式下,当需求发生改变时决定价格机制形成的基本力量是保持不变的。但是,购买力的变化是以不同方式发生的,而这将随着我们后续深入的探讨而变得越来越清晰。

① 此类替代意味着某些生产要素生产力的提高,以及其他要素收益的减少。请与第十七章相比较。

第二部分

区际贸易与实际要素流动性

第七章　要素流动性：一般性观点

在第一部分中，关于区际贸易的讨论是基于对生产要素流动性的简化假设。在那一部分中我们关注的是这样的区域之间的贸易：在这些区域的内部生产要素具有充分的流动性，而在这些区域之间生产要素不具备流动性。如果我们放松这些假设，在讨论中引入实际的要素流动程度，我们将预见到我们的结论一定会受到影响。[①] 我们需要考虑到一方面生产要素可以从一个地区转移到另一个地区的可能性，另一方面生产要素和商品在一个地区内的流动是不充分的。从而我们所面临的恰恰是同一个现象：即无论是在地区内还是在地区之间，生产要素的流动性都不是完全的。正是在这样一种背景下，我们必须研究交易的空间维度并建立一种地区间贸易的理论。然而，保留区域的概念并考察区域之间的贸易仍是有意义的。即便地区内的流动性也是不完全的，但在多数情况下地区内部的流动性也要大于地区之间的流动性，尤其是对劳动力和资本而言。地区间的生产要素转移要比地区内的困难得多，而这正是划分不同区域的理由。在这种情况下，地区间生产要素的价格差异就会大于地区内的价格差异。那么比较合适的做

① 在第一部分，每一个地区的生产要素供给被认为是既定不变的。在第二部分不再持有这一假定。

法应该是去研究这些区域之间的交易以及价格变化的模式而忽略每个地区内价格无法完全一致这个缺陷。这就是我们在第二部分中所采用的方法，这里很少考虑地区内的不完全流动性。

一般来说，生产要素的流动意味着要素将从报酬较低的地区流向那些较高报酬的地区。这将提高它们在前一地区的价格，降低它们在后一地区的价格。因此，区域间的要素流动将导致一种使区域间生产要素价格实现均等的趋势，这就如同在第一部分中我们研究的商品的流动以及随之而来的贸易所带来的结果。接下来的问题是，这两种趋势在多大程度上共同起作用，并在多大程度上相互替代。换句话说，商品贸易以及它导致的价格均等化趋势会不会受到生产要素流动的影响。

尽管生产要素一直是流动的，但是商品的生产和交换在每个时点上都是由现有的生产要素而不是将要获得的要素的分布情况决定的。源于这种现实的生产要素供给的商品交换将会部分地使要素价格趋于均等。只要价格的差异[①]足够大以至于超过生产要素在区域间转移所面临的各种摩擦，这种转移就会发生。那么价格的差异就会因此而逐渐减小，一些商品进行贸易的动因就会消失。因此，生产要素的流动是商品流动的一种替代。另一方面，如果商品交易没有发生，那么生产要素的报酬在地区间的差异将会比实际上大得多，因此导致生产要素更多地在地区之间流动。通

① 有时候并不是真实意义上的差异而只是导致生产要素转移的潜在差异。如果某一特定产业要建在某一地区，该地区某些要素的价格将会相对于另一个地区相同要素价格而言逐步增加。随着生产的开展，这种价格变动受到要素流动的抑制。在这种情况下，生产要素流动性将阻止发生更大程度的价格差异，而不是减少已有的差异。

过实现生产要素价格在一定程度上均等，商品贸易消除了一些生产要素在地区之间转移的需要。因此，商品流动也是生产要素流动的一种替代。当商品的流动是实现价格均等的最容易且最好的方法时，似乎就会存在一种商品流动的趋势；而当要素流动面临的阻力比商品流动更小时，就会发生生产要素的流动。

我们可以用一个简单的论据来说明这个逻辑。假定某些生产要素的特定流动成本，如果两地区间要素的年收益率差异低于要素在两地区流动的成本，那么将不会发生要素的流动。另一方面，更大的价格差异也不会长期存在，因为它将引起大量的要素流动直至价格差异降到等于要素在地区间的流动成本。如果商品的交易能够将要素报酬的差异降到低于要素流动的成本，那么要素的流动就不会发生。也就是说，要素本身的流动因为商品贸易而变得不再必要。在相反的情形下，转移成本成为决定性的因素。无论商品还是要素都有可能发生转移，取决于哪些转移能最大程度地降低价格差异。因此，在最终的分析中，这两种促进价格均等化的趋势不是相互补充地发挥作用的，而是二者择一的。

考虑某种在两个地区都生产的商品。所有必需的生产要素在这两个地区有着相同的价格，除了唯一的例外 P，它在 A 地区每单位需花费 120 克朗，而在 B 地区每单位则是 100 克朗。现在，如果所有商品生产中要素的组合比例在两个地区都相同，那么从一单位 P 和适当数量的其他要素中所获取的一定数量商品的生产成本在 A 地区会高于 B 地区 20 克朗。然而，对于 A 地区来说，用其他生产要素去替代 P 是有利可图的，所以其比 B 高出的成本将会略少于 20 克朗，比如 18 克朗。如果货物的转移成本少于 18

克朗,如约为 10 克朗时,商品将会仅在 B 地区生产。因而,在 B 地区对这一商品生产中所需的所有生产要素的需求都将上升,而 A 地区则减少。例如,在 A 地区 P 的报酬可能会降至 118 克朗,B 地区则会升至 102 克朗;价格差异因此降至 16 克朗。因为 P 能够被其他的要素所替代,要素价格的差异又将降至比如说 12 克朗,即 A 地区发生要素替代之后的价格来计算 B 地区实际成本与 A 地区可能的成本之间的差异。因为运输成本为 10 克朗,所以两个地区总的需求仍然还是继续由 B 地区的生产来满足。

如果要素 P 的流动成本降至 16 克朗以下,比如说降至 8 克朗,那么 P 从 B 地区到 A 地区的转移(译者注:原文为“从 A 地区到 B 地区”,疑有误)将会变得有利可图。这样,P 的报酬在 A 地区将会下降(译者注:原文为上升,疑有误),而在 B 地区将会上升(译者注:原文为下降,疑有误),比如分别达到 116 克朗和 114 克朗。那么每个地区都将满足对该商品的需求。正如之前说过的一样,由于 A 地区可以通过适当的要素替代,使其相对于 B 地区而言,生产的额外成本不会达到 8 克朗这么高,而是会略有降低。

事实上,生产要素的流动程度不能用如此精确的特定方式的描述。但是,仍然存在要素流动以及使区域间要素价格差异缩小的趋势,尤其是当要素报酬的差异相当大时。这种趋势会越来越显著。因此,一些商品的交换也就变得没有必要,当要素价格的差异非常大时,即使存在运输成本,交换依旧可以有利可图。但是当要素价格的差异缩小时,就不是这样的了。价格的差异被用一种简单而又廉价的方式消除了。只要生产要素的转移继续发生,就会与商品贸易同时发挥作用,实现价格的均等。在一定程度上,这种转移的持续以及因此而使价格差异被消除，就使得商品交换的某些原因被消除了。

在对不同类型的冲击影响下区域间贸易发展的研究中，我们需要考虑这两种促使价格趋于均等的趋势，即商品的交换和生产要素的转移。我们现在就开始着手解决后一个问题。

如果生产要素在两个地区之间是可以完全自由流动的，那么任何的变动，比如需求的变化无非只能引起生产要素价格上出现差异的趋势，而这种趋势会立即被要素在地区间的转移所抵消，最终维持价格的一致。

另一方面，如果流动性并不完全，那么尽管存在商品交换使价格趋于均等的影响，最终在生产要素价格之间仍然会存在一定的差异。结果就是一些要素将会从一个地区转移到另一个地区，直到价格差异完全消除或是缩小到使进一步的转移不可能再发生。因此区域间贸易的诱因减弱，范围缩小。

如果在最初的变动之后又接着发生新的变动，生产要素的跨区域流动所体现的价格均等化趋势将没有时间发挥出来。在这种情况下，持续的要素转移甚至可能也无法起到使价格完全均等的作用。要素价格的均等只能在不再有能引起区域间要素价格差异的新变化出现时才能实现。

为了估计在不同时间点上特定冲击的结果，我们显然有必要对比产生价格差异的趋势（尽管存在商品交换的价格均等化影响）与区域间要素转移所具有的使价格趋于均等的趋势。只要前者占主导地位，差异就将会扩大；而若后者占主导地位，差异则会逐渐消失。进行这样的比较的困难之处在于，这些趋势的强度一直随着时间的推移而变化。如果我们的考察从这样一个时点开始，即不存在明显的要素流入或流出，然后研究某一特定冲击的影响，它使要素的价格在一个地区高于其他地区，那么最初我们观察不到很明显的要素流动。然而最后，当价格差异持续存在，流动性将会增加。即使由于冲击的持续，这种使价格差异变大的趋势会增强，使价格趋于均等的力量仍然很有可能最终占据主导。在大规模的流动发生之前，工资和利率水平的差异将持续一段时间。同样，要素报酬在地区间的差异变得越显著，要素的流动也会越剧烈。另一方面，当要素的转移使得要素报酬的差异缩小时，要素的流动也会明显地减弱。如果要素的流入和流出已经开始，那么至少在一段时间内流动性将保持相对较高的状态。

如果冲击停止且没有出现造成要素报酬差异的其他新原因，那么区域间的要素转移必然将持续下去，并继续地缩小现有的差异。至于通过这种方式能否最终达到完全的价格均等化将部分地取决于是否不会再有进一步的冲击。另外一部分取决于要素流动性的程度，即当要素报酬的差异随时间推移而逐渐缩小时要素转移的范围。一般来说，要素转移的障碍将足够大，以至于一定的价格差异仍然存在。但是，在任何情况下，要素价格均等化的倾向都需要时间来实现，在这段时间内，我们将观察到不同地区间要素价格上存在一定的差异。举例来说，假设在 10 年左右的时间里发生了需求偏好的转变，人们的消费从黑麦面包转向小麦面包。如果小麦和黑麦分别主要在两个不同的地区生产，这时增加对小麦的需求，必然意味着增加对小麦生产区生产要素的需求，同时减少对其他地区生产要素的需求。如果劳动力要素和资本立即从其他地区向小麦产区转移，那么这将会阻止小麦产区形成比黑麦产区更高的资本利息率和劳动力工资。当然，在小麦产区适合种植小麦的土地将比黑麦产区适合种植黑麦的土地价格更高。然而，假设劳动力和资本的流入过小，以至于不能阻止区域间要素价格差异的出现。在这种情况下，黑麦地区的工资和利率很显然将会相对上升。这种价格差异的强度和范围一方面取决于实际发生流动的各种要素之间的关系，另一方面也取决于为实现价格均等化原本应该需要的要素转移量。这种关系不仅在不同的个案之间变化，而且也会随着时间的推移而发生变化。如果我们假设这种需求的变动随着时间的推移以稳定的速率持续，那么由于最初要素转移的程度较低，要素价格的差异可能会在一定程度上扩大。在此之后，随着要素流动性的增加，某些要素的流入将逐渐缩小部分差异。然而，在差异持续一段时间后，它可能会继续变得更大，也可能保持不变，除非要素足够充分地流动来阻止它。

建立在要素具有流动性基础上的区际贸易的研究很明显并不涉及对于均衡的考察，不像先前的分析中我们假设要素具有完全的流动性或者完全的非流动性。相反，对于不同冲击与影响的分析，必定是一种过程的描述。其结果必然是随时间推移而显现出来的，因为无论冲击本身还是其抵消力量的强度与性质都会从一个时点到另一个时点发生变化。因此，这个理论就成为一种对一个持续变化的过程的分析。为了考察特定冲击的影响，我们必须首先描述在冲击发生之前的情况，然后再跟随它发展的过程。通过提供不同时点上的情况的快照并利用这些快照来重建因果关系，我们可以跟踪其随时间转移的影响。虽然冲击仍不断发生，但很可能这些冲击在最初并不很显著，足以推动我们研究的上述现象发生。最终，因为许多原因，情况发生了变化，再也无法区分各种不同冲击带来的影响。如何能描述1890年代巨大的资本流入对现今阿根廷经济的影响？我们只能观察比较接近原始冲击的时间点上的情况。

在描述这种过程时，我们应该像上述论述一样，特别关注要素的流动性。举个例子，在考察需求变动的影响时，我们应该从各个区域是否具有不同的要素禀赋这一情况入手。假设这些地区之间存在贸易，因此存在价格均等化的趋势。然而，一定程度上的价格差异仍然会存在，并且经常会发生要素的流动，从报酬低的地区流向报酬高的地区。和商品贸易一样，这种转移会趋向于使要素价格均等。不同地区的价格结构将沿着两条不同的途径趋向一致。

另一方面也存在这样的情况：商品贸易使要素价格非常接近，几乎达到了一致。因此，地区间工资和利率的差异无法引发劳动力或者资本的流动。这时，价格机制的运作在本质上同生产要素在区域之间完全不流动时一样。只要差异受限于地区间贸易的开展进而保持在一定的范围内，那么要素流动必须在价格差异较大时才会发生这一事件就是无关紧要的。

以上论述为呈现在我们面前的问题构建了一个初步的答案，即考虑到生产要素的跨地区流动，我们的理论需要做哪些修正。在这方面，不同的生产要素有很大的差异。土地的流动性不需要做特别的处理。所谓的“土地资源”包括：第一，可再生的资源，即狭义层面上的“土地”的概念；第二，所谓的“自然资源”，即不可再生的自然禀赋，主要是各种矿藏等。这些生产要素都是不可流动的。但是劳动力和资本则不一样,因此它们将是我们接下来要深入探讨的对象。

第八章　劳动力流动性

“劳动”一词适用于多种不同的劳动类别，这些不同劳动都被认为是不同的生产要素。这些劳动要素就各自的区际流动性而言存在相当程度的差异。而且，国家之间和国家内部的流动性也存在重要的区别。一国人口与该国的国家特征密切有关，诸如共同的语言和文化、人际关系以及其他因素都发挥着作用。对于向另一个国家迁移存在的巨大风险而言，很多人都是风险规避型的。人们能够获得的外国的信息是有限的，而且即使预期未来在它国的生活要好过留在国内，人们总是偏好已知的信息而非那些未知的。但涉及一国内部的流动性的时候，这些因素并不是同等重要的，因此通常情况下国内流动性会更高。受教育水平较高的劳动者被认为具有高度流动性。但是即使在一国内部，那些未受过教育的劳动者也频繁流动并迅速地消除工资方面的巨大差异。

本文篇幅有限，不允许我们对特定情形下的劳动力区际流动性开展细致的考察。[1] 我们必须集中关注与价格决定有关的问题：劳动是否如前文所述的那样从低报酬的地方流向高报酬的地

① 本论文的主要目的是阐明基本的因果关系。为了尽可能简洁，论文的表述也是概括性的。只有在研究价格机制作用的变化时（第 9 章和第 12—15 章）我们努力论述得较为具体。

方并因此引致生产要素价格的均等化？看上去似乎是这样的。然而，还有其他因素在这里发挥着作用。构成跨国迁移主要动力的可能是预期在新的国度里实现“特定目标”(making it)。此外，拥有土地并获得所谓的未能获取的资本收益在新的国家里是相对容易的。然而，此类因素应该仅仅是强化了工资水平的差异并促进了劳动力的流动。此类因素(的存在)并不意味着需要对此前的论述作任何的重要修正。

更重要的是劳动力从高工资地区向低工资地区流动的可能性。就这种情形而言，区际流动性导致的不是令生产要素价格的差异变小而是变大。人口的这种“逆流”可能源自工人对实际工资而不是名义工资的关注，即用消费者希望消费的商品数量来衡量的货币收入的购买力。如果在 *A* 地区的生活成本比 *B* 地区高出 20%，但是名义工资只高出 10%，那么很显然实际工资在 *B* 地区要更高。这样一来，从 *A* 地区流向 *B* 地区显然是有益的，这就导致名义工资差异的*扩大*。如果劳动力具有完全流动性，最后的结果就会是使工资水平的差异等同于生活成本的差异。然而，这也并不是确定的，因为除生活成本之外的诸如天气等其他因素也可能使得某些区域要比其他区域更有吸引力。

因此，生活成本及其对劳动力流动性的影响都将会反作用于要素价格均等化趋势。区域间生活成本的差异反过来又取决于商品流动成本，因为后者对于前者的持续存在是关键的。正如在第十五章所述，商品流动成本反作用于*商品贸易*所引起的要素价格均等化。在本章中我们还可以发现，商品流动成本还反作用于劳动力流动性所带来的要素价格均等化趋势。

我们可能会询问区域间价格水平差异是否对资本流动的方向有着类似的作用。答案是否定的。劳动者通常是在其工作地花费工资收入，货币工资的购买力因而与劳动者所在的地区有关。然而，利息的花费则不是这样的：资本家可以根据其偏好选择不同的地区来消费其利息收入。不论在何种情况下，资本家并不局限于其投资得以开展的地区。因此，他丝毫不会考虑价格水平。

上述讨论的偏离价格均等化的可能性在现实中可能是不重要的。即使劳动者偏好获得更高实际而不是名义工资收入，这两类收入通常是相伴而生的。因此，一般情况下人口的流动同样导致实际工资和以本地货币表示的劳动者价格的同方向变动。

在劳动力具有区际流动性的情况下，有必要对另一种劳动力流动性进行说明。在第一部分，不同类型的劳动者被认为是具有相互非竞争性的。事实上，不同群组的工人之间是会发生转移的，有时候这种转移的程度还会相当大。正如区域分工源自不完全流动性而不是完全非流动性，劳动力分化成不同群组（每一群组被认为是不同生产要素）也就意味着在不同群组之间具有不完全的流动性。也就是说，我们不需要假设劳动力在不同群组之间完全不可转移，而只需要假设这种转移的发生不是那么容易且迅速，这样一来不同群组之间相对工资的变化也就无法消除。正如我们接受不同区域之间具有不同程度的流动性，我们也需要考虑不同群组之间的流动性。例如，如果不同群组之间工人的工资收入由于需求的变化而发生了变化，那么人口的流动不仅会发生在区域之间还同样会发生在不同群组之间。后者可能会强化也可能会弱化价格均等化趋势，这种影响一方面是由于区际流动性，另一方面是由于商品贸易。就整体而言，群组之间劳动力的不可流动性可能会维持既有的收入水平并因而阻碍地区之间要素报酬完全均等化，又或者是导致不同地区之间相对工资的更大差异。

尽管无法清晰地确定不同劳动力群组之间的界限，但是对劳动力群组进行的这种划分不仅有用而且还是必要的。也就是说，群组之间的流动性无法防止发生收入报酬的差异性，这种差异性意味着不同商品生产成本的不同变化以及劳动力分工的变化。正如上述对价格结构变化所作的讨论，我们需要像考虑劳动力在不同地区之间的流动那样去考察劳动者在不同阶层之间的流动。这适用于价格结构在一般意义上的变化而不仅限于空间层面。就这一问题的深入分析涉及一般价格理论，因此不属于本论文（的范畴）。

第九章　资本流动性

资本流动的动因

区际资本流动有多种原因，其中最重要的显然是利率在地区间的差异。首先考虑一下资本的国际流动。那些利率较低的国家很容易会发现，将资本出口到利率较高的国家是有利可图的。但是最重要的国际资本流动不能仅仅通过利率差异来解释，通常还有其他的因素。例如，俄罗斯政府从外国借款主要是因为法国的利率要比俄罗斯更低，但是如果两国之间没有这种紧密的政治联系的话，毫无疑问资本将不会出现如此大规模的流动。对于说服谨慎的法国农民大量购买（俄罗斯债券），法国政府对俄罗斯债券的支持以及批准本国银行和银行家们开展一些宣传确实是必要的。对于赔款来说，政治因素则是资本流动的唯一因素。但即使其影响是间接的，诸如通过对股票交易和债券市场的监管，它也是不容忽视的。

国际资本流动的另一个原因是，一个小国无法向本国的储蓄者提供多样性的投资机会，而这些投资机会却可以在国际借贷市场上获得。资产的特征因此具有决定作用，并可能导致资本输出，即使并不存在利率差异。在外国建立子公司所带来的优势也会导致国际资本流动。一般情况下，子公司投资的很大一部分是来自总公司所在的国家。过去几十年中，那些关税政策对国际间商品交易构成了障碍。这就促使外国企业纷纷在那些实施保护的国家内部设立子公司，因此使资本流入这些国家。英国汽车轮胎生产者（邓禄普）和高质量汽车生产者（劳斯莱斯）都在美国设立子公司。另一方面，主要是为了节约跨太平洋运输成本，福特已经在英国设立工厂。然而，在一些情况下，大型跨国公司的发展提升了对利率差异的敏感度。相较于那些地理位置局限于某一国的公司而言，有着国际声誉的荷兰皇家壳牌公司和瑞典火柴公司更容易在国际信贷市场上利用低利率获得信贷然后投向任何目前有着最高（译者注：英文原文为“lowest”，疑有误）利率的国家。这意味着资本从低利率国家向高利率国家流动趋势的强化。

过去一个世纪里，许多主要的国际资本流动都受到投机性动机的显著影响。它们常常在新兴国家采取股权投资的形式，尤其是在南美。资本输出国和资本输入国之间的利率差异当然构成重要的动机。但是另一种观点认为在当时可观的利润预期也同样重要。在俄国开展的外商投资自然主要是出于获取高额收益的预期。其目标主要是要成为企业的所有者以及有机会获得经营性利润。由于此类利润的获取在没有资本注入企业的情形下是无法实现的，所以这就要求资本流向俄国。因此，这本质是属于第二类现象。同样的情形还发生在许多英国和美国资本在南美开展的投资上。此类资本流动通常是非常不均衡的，而这种不均衡又恰恰是资本流动的本质。在繁荣期和投机活跃期，这种资本流动以大规模的形式发生并因而消除了国家之间的利率差异。投机动机起支配作用。那些对阿根廷一无所知的英国资本家将不计其数的资本投向该国的铁道建设,这一行为的出现绝大多数时候是由于一些英国银行家的建议。

各类资本流动之间的本质差异可以通过英国资本在美国的投资得到说明,这一投资行为发生的时期恰好是美国向加拿大输出数百万美元的时候。第一类资本流动,也就是英国向美国的资本流动可以被认为完全是出于利率差异。美国的铁路债券收益要高于与之相类似的英国债券。另一方面,加拿大的利率水平并不比美国高。既然当时资本是从美国流向加拿大,这一现象的解释就在于加拿大快速的经济发展,这为美国企业家提供了获取大量利润的可能。

就一国内部不同地区的资本流动而言,对其进行的分析很多时候都与对国际资本流动的分析相一致。在一些国家,其国内的资本流动性如此之高以至于人们无法分清不同地区之间的利率差异而只能是发现那些潜在的差异,这一潜在的差异只有在资本流动不发生的情况下才有可能出现。可能存在很多这样的情形,那就是大量的资本从有着巨额储蓄的地区(在瑞典则可能是农业地区)流向那些储蓄无法满足其资本需求的工业区。很不幸,我们没有信息材料对此类情形开展分析,但是不管是哪一种情形都不在本研究的框架范围内。

某些地区更高的利润同样会影响国内资本流动的观点毫无疑问是正确的。与此类似,资本家对各自所希望的投资类型的不同偏好也发挥着作用,恰如满足这些偏好的机会也常常取决于那些在“国外”开展的投资。就整体而言，资本在一国内部的流动性与国家之间的流动性具有相同的特征。国内资本流动一般来说要比国际资本流动更容易产生影响，因为一国内部具有相同的银行和货币体系、相同的法律体系以及不同地区之间更加充分的信息等。但这些都仅仅造成程度上的差异，并不影响国内资本流动和国际资本流动具有相同的本质的事实。

资本流动作用的一般性讨论

引言

如果没有任何类型的国际资本流动，那么贸易收支（包括运费、旅行支出等在内）将会是均衡的。以此类推，资本的流入[①]意味着相应的进口盈余。这一进口盈余只有通过鼓励资本进口地区的居民更多地从海外购买，或者是其他地区的居民更少地从该国购买，或同时两者均有来实现。进口盈余一定程度上*直接*产生于借款国用其借来的一部分资金购买外国商品以及用另一部分资金购买本地区的出口商品。然而，并不是借贷带来的所有购买力的增加都以这样的方式进行消费。一般来说，借款很大一部分是为了投资于固定资本设备，而制造这些设备需要本国的劳动力，至少在施工的最后阶段是这样的（比如一条铁路线的铺设）。因此一些借来的资金用来雇佣劳动力。除此之外，还有一部分资金用于国

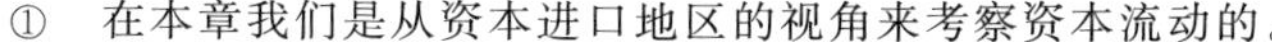

① 在本章我们是从资本进口地区的视角来考察资本流动的。

内商品的消费。因此,由购买力的转移(这是资金借贷行为引发的结果)而直接形成的进口顺差小于资本的输入。因此,借款必须对需求的变化存在一个额外的*间接*影响以使得进口盈余增加,这一间接影响将改变价格和产量。只有这样国际收支才能在资本流动的情况下保持平衡。资本流动给价格结构带来了一个根本性的改变。此外,它对几个地区的资本供给存在直接影响。就后者而言,它相当于人口的区际流动——这两方面的运作机制都如同第七章所描述的那样。然而,在短时间内,比如一年或两年,不论资本流动还是劳动力的转移都无法迅速地影响这些生产要素在各个地区的供给。区域间生产要素的流动所引起的供给变化是相对缓慢的。作为结果而言,生产以及价格也*因此*只能相对缓慢地变动。然而,就资本流动对国际收支以及对整个价格结构产生的*直接*影响来说,情况则不同。尽管一两年内的资本流入相对于进口地区的总资本存量可能是微不足道的,但是它相对于年度进出口商品来说可能仍然相当大。[①] 因为现在必须存在与资本流动相对应的进口盈余。因此,结果很显然是商品贸易会发生非常显著的变化,而后者又意味着商品价格和生产要素价格的巨大变化。

需要注意的是资本流动的波动也相当剧烈,而这也相应地必然导致价格结构的大幅变化。与此同时,对于价格决定同样很重要的其他因素,如生产要素的供给以及需求的性质和方向,一般都变化得比较缓慢。因此,结合区域间资本流动来研究贸易的发展有利于清晰地阐明价格结构的变化。除此之外,破坏性和非典型

① 加拿大 1910—1913 年间的借款额几乎近似于该国出口商品价值总额。

的冲击在短时间内很可能不那么重要，所以忽视它们而只关注主要问题是合理的。

基于以上所说的理由，我们应该仔细研究资本流动对价格结构的影响。[①] 最初我们只考虑问题的一个方面：资本流动对价格机制的性质和功能的影响，而忽略其他方面，即变化了的资本供给对生产的影响。进行这种区分是合理的，部分是为了简化，部分是因为区际资本和劳动力的流动对生产要素的供给具有相同的影响，但只有资本流动通过国际收支而直接影响价格结构。在第七章我们研究劳动力和土地的流动时，第一部分的问题已经被广泛讨论过了，因此现在可以单独考察与资本流动相关的问题。在本章的最后，我们还将讨论资本流动对生产要素供给的影响，类似于前一章对劳动力流动的讨论。

将问题分开来讨论的另一个原因是，资本和劳动力供给的变动不仅源自其在区域间的流动。因此，要将由于要素在区域间的流动而引起的变化与由于要素供给的变化而引起的变化区分开来，即使不是完全不可能的，也将会是相当困难的。第三个原因是，从外国的借款常常对资本的供给没有任何明显的影响，例如，当借入的资金完全用于支付当前开支时。在这种情况下，问题就仅仅是资本转移对价格结构的影响，这将是我们要考察的第一个主题。我们假设，资本的供给不论在资本输入地区还是在资本输出地区都增长，劳动力供给的情况也一样，我们不考虑这些供给的

① 将更多的注意力用于资本流动而不是劳动力流动的做法是很自然的。前者对价格有着更加根本性的影响，对其开展的研究为价格结构变化的研究提供了最好的条件。

增加在多大程度上是受到要素区际流动的影响。

如果借款地区[①]相对于世界其他地区而言较小，那么我们就可以假设世界市场的状况将不会受到以上所讨论的这一资本流动的显著影响。如果资本从一个小地区出口，那么该国的市场状况肯定会受到影响。另一方面，如果资本来自大的区域，则该国的经济不会受到显著影响；在任何情况下借款地区都不会感受到明显的变化。对于一个同许多不同地区有着贸易往来的资本输入地区而言，不会显著地被其中任何一个地区的变化所影响。因此，在全球市场条件将不会受到资本流动的任何比较大程度的影响这个假设下，研究地区间的国际贸易和经济的变化是合理的。这个假设比只有借入及借出两个区域的假设更贴近现实。的确，十八世纪六七十年代资本从英格兰输出到美国只涉及两个国家，而这两个国家加在一起就占了世界贸易的很大一部分。然而，输入到阿根廷和加拿大的资本与其说是来自英格兰，倒不如说是来自早些时候英国在很多国家资本投资所得到的利息偿还。这些支付的利息被英国分别在19世纪80年代投资于阿根廷，以及在世界战争爆发前的最后几十年间投资于加拿大。从这个角度来看，真正的资本输出国是那些支付利息的国家。考虑到资本是从这么一个广阔区域获取的，很显然，资本流动对这些国家的经济影响不可能很显著。因此，假设资本出口对资本输出地区的经济影响并不会对借款地区的经济或贸易带来任何显著影响并非是不切实际的。

① 资本进口地区被称为借款地区是因为我们忽略资本进口可以采取的除借款以外的其他形式。

基于这些假设，我们将试图从资本流入地区的角度去分析区际资本流动和商品贸易间的关系。所有的商品都被用于区域间贸易，也就是说任何商品不是被用于进口就是被出口。出于简化的考虑，同先前一样，我们把这些商品合并成一组并称其为“区际商品（interregional commodities）”。那些在一个区域内生产不用于出口但是直接受到来自进口商品冲击的商品被称为“准区域商品（quasi-regional）”。而所有其他更少地直接受到区域间贸易影响的商品则被称为“区内商品（regional commodities）”，或更恰当的说法是叫做“本地商品（domestic commodities）”。无须赘言，有很多商品很难被归入上述某一类别之中，因为这些商品之间的界限显然是不明确的。所有商品都或多或少受到外国竞争的影响，那么为什么有的被称为准区际商品，而有的则被称为本地商品呢？答案是，即使它们的边界不清晰，对于科学研究来说进行一些分类是非常有用的，事实上也是有必要的。这方面有一个很好的例子，那就是马歇尔在价格决定理论中所使用的“长期”与“短期”的术语。

在对资本转移和区际贸易关系的研究中，我们必须考虑到货币体系的组织形式。在某些情况下，资本流入的影响取决于借款地区是一个自由的纸币本位制度还是金本位制度。此外自由的纸币本位也可以有多种管理方式，不同管理方式对资本转移机制会带来不同的影响。因此，有必要考虑货币体系的其他替代性组织结构。同时，资本流动本身也一定具有一些不依赖于特定的货币体系的影响。资本流动从根本上来说是购买力的转移，继而间接地引起商品和服务的转移。这肯定对生产和价格有一定影响，无论在什么样的货币体系下。我们将首先描述资本流动的常规效应。

资本流入对价格形成性质的影响

借贷意味着购买力的转移，这使得借款地区可以比以前购买更大份额的世界产出，而其他地区则只能购买更小份额的世界产出。如果没有运输成本，某些商品消费区位的变化对这些商品的生产并没有影响。[①] 只有当借款地区所需求的商品超过了世界其余地区所没有消费的商品时，才会使得总需求的组成发生变化，最终也才会导致生产模式的改变。

尽管货物的运输成本在现实中发挥着重要的作用，但是如果购买力只是用于购买进口和出口货物，那么情况仍然会大致相同。资本流入将使得借款地区对商品的需求增加相同的数量，从而引起相应幅度的贸易赤字以使国际收支保持平衡。然而事实上，“国外”借款一般不仅导致对“区际商品”同时也将导致对“准区际商品”以及“本地商品”需求的增加。国外贷款通常被用于在东道国进行资本投资——在阿根廷和其他国家，甚至瑞典，大部分贷款被用于铁路建设；因为用于生产这些固定资产所必需的商品通常主要是国内商品，并且由于固定资产本身也是国内商品，在大多数情况下，资本流入毫无疑问会导致国内商品和准区际商品的需求增加。在这种情况下，其效应就不像上面说过的那么简单了。例如，对区际商品需求的增加所引发的国际收支赤字将低于借款总额。由于资本不能以除商品或服务以外的任何其他形式转移，贸易赤

① 此处所考察的商品首先是加工完整的资本品，例如机器。其次是那些资本品生产过程中所使用的商品，例如钢铁。第三种是消费品。当针对上述三种类别的第一种时，“消费区位”指的是该商品得以使用的区位。

字就必须完全抵消资本流入。那么如何创造出这些赤字以使得国际收支在存在资本流入的情况下依然保持平衡，这将是问题所在！

相对商品价格的变化　“国外”借款导致在借款地区的总需求增加；这些增加了的需求无法通过恰好等量的这些商品的流入来得到满足，这必然导致相关商品价格的变化。对于贸易商品，其供给可以简单地通过增加进口和减少出口而发生改变。然而，一些新增加的需求是针对国内商品。因为此类商品不能依靠进口来满足，所以其价格相对于那些区际商品肯定会上升。同样地，对于准区际产品的需求增加，其价格相对于那些进口商品将会上升。然而，这些商品可能被进口商品所替代，这使得其价格的上升相对于那些本地商品而言将保持在较小的范围内。相对于进口商品，出口商品很可能不会出现显著的价格提升。

也就是说其他地区对某一特定地区出口商品的需求通常是非常有弹性的，因为单个地区很少能够供给全世界绝大部分所需的某种特定的商品。如果某一个特定地区出现出口价格的上涨，需求就会转移到其他地区。显然，与世界市场价格相比，资本输入地区的价格水平将会上升。本地和准区际商品相对于那些区际商品将出现价格的上涨。[①]

必须牢记的是，这种相关商品价格的变化是资本流入的结果。

① 必须指出，在过去，资本输入地区的物价水平相对上升还有另外一个原因。资本流入带来的进口增幅超过出口，从而导致进口运费相对出口运费的上升。因此，进口以及出口的价格相较于它们本来的价格上升了。然而，这增加了的区域间货物价格并不妨碍本地和准区域商品的价格相对于前者上升。即使在这种情况下，相对价格也按照文中所述的方式发生了改变。因此运输成本在某个方向上的变化没有被包括在上述（价格变化的）原因中。对比第十四章。

这种变化是形成另外两种变化的关键，而这两种变化将导致出口减少和进口增加并因此导致进口盈余。而这对于保持收支的平衡至关重要。

需求的变化　变化之一是需求将从国内商品和准区际商品向区际商品转移。首先，本地商品价格的上涨必然会显著地减少对它们的消费。也就是说，价格上涨限制了对此类商品需求的增加，使其低于购买力增加导致消费增加应该达到的水平。相反，对区际商品的需求将会由于其价格没有上升而增加。这就使得本来由购买力增加而直接导致的对这些商品需求的增加更甚。需求对不同类别商品相对价格变化的敏感性显著地抵消了这些相对价格的变化趋势，以使进口盈余增加。

生产结构的变化　商品价格的变化也会引发供给方面的反应从而导致生产模式的改变，因为供给自身会根据需求的变化发生调整。如果需求的增加只针对区际商品的话，那么问题就很简单，进口将增加而出口将减少。但是，如果考虑到增加的需求同样也有一部分针对国内商品，那么国内这些商品生产的增加一定会导致供给的增加。这必将依赖于生产要素从那些生产出口商品和准区际商品的产业中转移出来。这些准区际商品是直接与进口商品相竞争的，可以或多或少地被进口商品所代替。因此，由生产模式的改变而导致的准区际商品供给的减少将导致进口的增加，而出口商品产量的下降则导致出口的下滑。因此，生产格局的变化将导致进口盈余的增加和贸易收支的赤字。

从以上的分析可以清楚地看出，因为借入资本不仅会增加对区际商品的需求同时也会增加对该地区国内商品的需求，所以生产模式必然会发生改变。这种新增的需求一方面是由外国人提供的新产品来满足的。由于本国人的购买力增加了，因此对这些新产品的需求增加。另一方面本国人购买力的增加也会使他们从外国人那里购买比从前更大数量的其他商品。因此，结果便是：资本输入地区内这些区际商品的生产比例将变得更小。这样就有更多的生产要素可以节省下来去生产需求也同样增加了的国内商品。简而言之，准区际商品被进口商品所替代。因此其产量将下降，从而有利于本地商品的产业。此外，出口产业的产出也会下降，这也使得更多的要素可以被用来生产本地商品。

因此，除了资金流入对贸易平衡的直接作用，我们还必须考虑需求的转换，其次是考虑生产模式的转换。当这些变化最终使贸易收支出现的赤字与资本的流入相等时，国际收支的平衡就实现了。

数值说明　一个数值的例子可以用来说明前面的讨论。假设某国每年从国外借入一亿克朗用于铁路建设。这笔金额中的2500万克朗用于从国外采购各类钢铁制品；另外1000万克朗用于购买本国原本要出口的货物。因此，进口增加2500万克朗，而出口下降了1000万克朗，创造了3500万克朗的贸易逆差。假设在剩余的金额中有2000万克朗用于购买准区际商品。因为这些（准区际商品）可以很容易地被进口商品所替代，所以其他消费者对进口商品的需求就会增加约2000万克朗，贸易赤字增加至5500万克朗。其余4500万克朗用于购买国内商品，其价格相对于区际商品和准区际商品而言将上涨。这首先将带来需求的转变，其次将带来生产的转变。假设准区际商品价格下降带来对该类商品的需求增加1500万克朗。进口盈余就增至7000万克朗。

此外，生产要素从出口商品和准区际商品的生产转移到国内商品的生产。出口商品和准区际商品部门供给的减少将相应地带来出口下滑和进口增加。如果出口下降数量为1000万克朗，进口上升数量将为2000万克朗，那么进口盈余就会达到一亿克朗，与从国外借贷的金额相同。国际收支的平衡就得以维持。

到目前为止我们都出于简化的目的而假设该资本输入地区的总产量保持恒定。一个行业的扩张被另一个行业的收缩所平衡。很明显，对一个增长中的国家来说，“扩张”和“收缩”的含义一定是相对的。它并不是指一种绝对的变化，而是相对于如果没有资本流入时的情况比较而言的。可想而知，该国出口产品的生产还将会持续增加，尽管其增速将不及不存在资本输入时那般迅速，同时该国本地产品生产部门的扩张速度将比不存在资本输入时来得更快。

要素稀缺性的改变　针对需求和生产的变动所带来的贸易平衡关系的变化及其对维持国际收支平衡而言所必需的变化，我们就谈到这里。价格机制对资本流动也有另一个方面的影响，这一影响与上面的讨论有直接联系：即要素相对稀缺性及要素相对价格的变化，即使我们忽略上文所述的资本流入对降低资本稀缺性方面所具有的影响。需求的变化必然不仅导致商品相对价格的变化，而且也会改变生产要素的收益结构。并不是在所有的商品生产中都使用相同比例的生产要素。一些行业使用更多的资本，另一些使用更多的劳动力，而还有一些行业则尤其需要大面积的“土地”作为投入。此外，在某一生产活动中使用的劳动力和土地的质量可能与其他生产活动中的有所不同。在这样的条件下，正如已经指出的那样，产品需求以及生产的变化必然意味着要素需

求的变化以及由此带来的要素相对稀缺性的变化。

例如，假设小麦是一种出口商品。随着资本的大量输入，相对而言，小麦的产量会不断减少。如果借来的资金被用于建立那些不需要大量使用适合于小麦种植的土地的新兴产业，那么很显然，与本来没有资金流入的情形相比，土地的需求会减少，小麦出口会下降。对产业工人的需求会增加，因而他们的工资趋于上升并吸引农业劳动从事工业生产。

即使不对生产要素相对稀缺性的变化开展更详细的分析，我们也可以大胆地得出结论：那些主要用于区内商品生产的生产要素相对于那些在出口产业中密集使用的要素而言，前者将会经历需求以及价格的上升。同样，对那些准区际商品的生产要素的需求也会高于对出口产业中的生产要素的需求。但是对准区际商品的生产要素需求的增加程度不会像区内商品的要素需求增加的程度那么大。这种变化与类似的商品相对价格的变动相一致，即出口商品相对于区内商品变得更加便宜。商品价格的变化和生产要素报酬的变化仅仅是同一现象的两个不同方面。①

遵循第八章的分析思路，这些生产要素价格的变化往往带来国内劳动力的调整，主要表现为工人从获得较低收入的职业流向获得更高收入的职业。尤其是，新工人的职业选择将最终增加这种最被需要的劳动力类型的供给。同样，如果某些资本品得到的

① 在一定程度上，区域内的要素流动性也是不完整的，因此区域内不同地区的要素报酬当然也不同。在一些行业里的工人将比在其他增长较慢的行业里的同类工人暂时得到更高的工资。在接下来的讨论中，我们会基于一个统一的价格结构，而忽略这些小的偏差。

报酬更高,那么这种资本品的产量将增加,从而导致资本品报酬趋于均等。然而,对于不同质量的土地要素来说,这种趋势的程度相对较低,因为某种特定质量的土地的供给即使可以通过劳动和资本的合理应用来增加但也只能在有限的范围内增加。[①]

生产要素的供给显然将会根据需求的波动自行调节,但是这只能部分抵消而无法完全中和价格调整的趋势。供给的变化通常会遇到相当大的阻力,因此无法立即就达到所需的程度。即使在资本流入发生多年之后,也就是当生产要素的价格足以发生改变,但是供给的调整这一更为重要的趋势却仍然无法发生。随着时间的推移,供给的调整将会得到强化并且因此可以预期,比如某些特定群体工人的报酬的差异将会逐渐消除。供给的改变将使得生产要素的报酬或多或少恢复到原先的模式。在资本发生流入后的最初几年里,当这些反向的力量还没有全部发挥出来时,这时生产要素收益结构的变化应该是最大的。然而,这只在资本的净进口以恒定的速率进行时才成立。反之,如果资本流入每年都在增加,就像阿根廷和加拿大的情况那样,并只有在资本流动的末期它才能达到最大值,然后我们就会发现要素和商品的相对价格的变化将会一直随时间而增加。的确,生产要素的供给变化将不断抵消价格差异,但资本流入的快速增长又会同时带来价格差异的不断增大。

显然,相比较于一个停滞的社会,一个所有的产业都在快速增

① 在某些情况下,除了资本之外,其他生产要素的供应也会通过区域间的转移而发生改变。如果资本流入导致某些行业的要素供给上升,而这又会带来某些特定劳动力的需求上升及其劳动报酬的上升,那么结果可能会吸引此类劳动力从国外流入。因此,区域间资本的转移可以带来相应的劳动力转移。这个问题会在本章最后单独讨论。

长的国家更容易发生生产模式的变化。由资本流入所引发的调整在一个不断发展的社会中更容易发生。要素相对价格的变化在这样的社会中也不那么显著，因为随着新增加的要素供给主要流向区内产业，所需要的行业间的要素转移相应地也会较少。

贸易条件的变化

在继续考察国际资本转移的一些特殊情况之前，我们将简要讨论其对贸易条件的影响。还记得我们之前假设资本输入地区相对于世界其他地区而言较小，因此其大部分出口货物很可能是在其他地区生产，本地区只能供给世界总需求的一小部分。这很重要，因为它意味着外部世界对资本输入地区出口品的需求几乎总是有弹性的。任何提高这些产品价格的趋势都将会使世界需求转向其他地区。总而言之，一个小地区出口商品的价格整体上是由世界市场状况所决定，不会受到本地区内生产变化的任何影响。由于进口价格当然也主要是由国际市场决定的，所以一个小地区和世界其他地区之间的贸易条件是不会有很大变化的。

如果资本进口导致一些国内行业价格上升并继而导致在这些行业和出口行业中所使用的要素的需求都增加，然而这种要素价格的上升却不能通过更高的出口价格来体现。由于生产成本的上升无法以更高的销售价格来弥补，其结果必然是出口工业规模的减小，从而减少对那些主要或专门用于这些行业的生产要素的需求。[①]

① 如果某些出口行业生产状况的变化是由于新的发明、更好的运输方式或者是新资源的探明等，那么这些行业的产出当然可以继续保持盈利并增加。

这意味着，资本流入导致贸易条件变化的可能性通常很小。然而，在某些特定情况下，即使是很小的区域也可能占某种特定商品世界总需求的很高比例。这时，较高的生产成本就会导致出口商品价格上涨，因此改善该地区与世界其他地区间的贸易条件。然而，这种情况很少发生。更重要的是，对那些很难移动的商品而言，即使资本输入区域不承担世界出口的主要份额，类似的情况也会出现。它可以实现供给以满足某一个特定区域的需求，这一地区无法做到不承受更高的运输成本而从其他地方获得相关的商品。因此出口产品价格的上升会减少距离较远的地方的需求，但可能对附近市场的销量规模影响不大。然而，消费者的需求弹性很低的这种预先假定往往是符合事实的。在这种情况下，一些在出口行业中使用的生产要素价格的上升将不会导致这些行业的产出显著减少，却会导致更高的产品价格。整体而言，相对于其他地区，这些行业的生产要素变得比从前更稀缺了。相对于不变的进口价格以及贸易条件的改善而言，这是出口价格上升的另一方面的影响。强调生产要素稀缺性的增加是非常重要的，因为它体现了利润的本质。由资本进口导致的需求增加部分是针对不能进口的商品，结果导致了在这些商品的生产中大量使用的生产要素的需求及其价格的上涨。这其中的一些要素也应用于出口行业。如果外国对本国出口商品的需求是缺乏弹性的，这些产业的规模将不会缩小，那么显然对这些要素的总体需求会增加。这些要素的稀缺性增加，意味着现在当他们的一些产品销往国外时总收入将增加。因此这种效应与外国对本国特定出口商品的需求增加所具有的效应是类似的。生产该商品所需要的生产要素的价格会上升，该要素所有者的收入也将会提高。

似乎没有必要对不同需求弹性值的贸易条件的变化这一问题进行详细的讨论。正如前文所述，我们通常假设较大弹性。至于在其他假设条件下贸易条件会有何不同，我们不太感兴趣。

到目前为止，我们讨论的是一个资本大量流入的时期。因此很自然地应该过渡到讨论资本输入的终止甚至是资本输出的情形。因篇幅有限不适合在此继续这样的研究，然而它在任何情况下都与资本流入时的分析相对应。从整体来看，变化过程所具有的主要特征就是生产要素以及商品价格的调整以使得价格结构或多或少地会回到资本流动之前的水平。然而显而易见的是，因为资本供给的增加使得生产的所有条件都发生了重要的变化，所以价格结构要完全恢复到先前的结构是不可能的。

特殊情形下的国际资本流动机制[①]

简要地考察了资本输入对输入地区的经济所产生的总体影响之后，我们现在要来考虑上述变化是在什么样的货币机制下最终发生的。[②]我们必须记住，外国资本的接受者，如发行外国债券的

① 就对资本进口的影响所作的探究而言，下文所考察的资本流动的特例（加拿大、美国和阿根廷）似乎要比本文作者在其他论著中所讨论过的其他将近 20 个例子来得更加适合。在那些其他国家的例子中，大都存在统计材料不完整且不可靠的问题。资本流入瑞典并不适用于此类考察，原因一在于此类资本输入的比例从来都不显著，原因二在于统计数据不够充分。

② 在货币机制的研究中，我们应分别讨论两种区际资本流动，第一种是国家之间，第二种是在一国内部。

公司，只在国外使用这些资金的一部分，其余的则是在他们自己的国家使用。但是，他们不能获得本国货币的购买力，除非通过出售外币给那些拥有所需购买力或者可以创造购买力的人以及那些在一段时间内愿意持有外汇的人。也就是说，在上面所描述的那些价格和生产的变化导致形成足够的进口盈余之前，这些资金并不需要向国外支付。这当然需要时间。在这些国外资本的接受者将外汇出口以获得本国货币购买力和通过这些购买力对价格、生产、需求产生间接影响从而形成进口盈余之间存在时间间隔。[①]在这个时间间隔内，外汇一定是在那些想要把钱放置于海外的人手中。在这种情况下，某种形式的信贷业务就必须出现，从而使外汇的供给可以满足由于进口商进口盈余上升而增加了的对外汇的需求。这些借贷行为施行的方式对于实现价格和生产调整所依赖的货币机制是至关重要的。这有很多种可能性。接下来我们将探讨一些代表性的情形。通常我们以资本流入一个金本位制的国家为起点。因为在金本位制度下汇率是固定的，因此从各个方面来看这都是一个简单的可能情形。自由本位制度（纸币本位制度）下的情况将会更加复杂，因为无论是货币供给的数量还是汇率通常都变化很大。此种情况下对资本流入效应的讨论将主要基于如下假设，即货币供给数量是固定的而汇率是可变的。这与我们将要首先讨论的金本位制度的情况有很大的区别，在金本位制度下汇率是固定的而货币数量是可变的。

① 人们可以很自然地想象这样一种情形：如果因为另一个原因信贷扩张已经发生，在汇票可用*之前*就已经出现进口盈余。

固定汇率制度

加拿大[①]在1910年至1913年间曾经引入大量主要来自英国、美国的国外资金。对两种得到的结果很近似的计算方法取平均值得出以下数据(单位为百万美元):

1900	33
1901	44
1902	37
1903	54
1904	87
1905	106
1906	102
1907	128
1908	223
1909	223
1910	269
1911	353
1912	378
1913	490
合计	2527

现在,我们将描述加拿大的资本流入对物价和生产造成的影响,尤其是其对保持收支平衡的机制的影响。这里涉及三个需要被解决的问题:(1)黄金的流动和汇率的变动;(2)购买力随时间的变化及其对物价的影响;(3)这些现象对收支平衡的影响。

① 关于加拿大的情况来自于维纳的《加拿大的贸易平衡 1900—1913》(1924年,哈佛大学出版社)。除了上一节对贸易条件的讨论,我的研究思路基本上是遵循维纳在这本书中所做的杰出工作。

黄金的流动和汇率的变动 对于第一个问题,要注意的是加拿大的外汇交易几乎是完全通过纽约的。在英国借贷得到的英镑可以通过银行购买美元。作为借贷者的加拿大公司可以立即在加拿大的银行中获得美元存款余额。当需要在加拿大境内支付资金时,相应所需数量的美元存款就从这些账户转移到其加拿大的货币存款账户中。换句话说,本国公司的外币购买力卖给本国银行,而银行通过增加这些公司本币账户余额的形式来向它们进行支付。

加拿大银行的债务随着其外币资产的增加而同比例地增加。然而,它们不会以通过严格限定的铸币平价的价格来购买美元。在外国货币供给特别多的情况下,外币倾向于贬值以至于略低于铸币平价。当低于黄金输入点时,则引起黄金流入。然后,当借款暂时减少时,外币倾向于升值,当高于黄金输出点时则会引起黄金流出,尽管数量并不是很多。重要的是注意到这种变化体制并不像古典理论所假设的那样:黄金输入带来货币供应数量的增加。黄金流入会带来银行账户余额的增加,继而导致银行几乎以完全相同的比例增加其黄金储备。对于这种现象的解释主要是银行不想通过改变贷款利率来调节信贷供给,因为贷款利率在整个时期内都保持固定不变,而且没有其他信贷限制的表征。因此,银行的储蓄规模并不是由黄金储备决定的。正相反,银行通过使黄金后盾保持在所需的比例而使黄金储备与其储蓄规模相一致。在这种情况下,黄金的流入只是一个附带的现象。即使完全不存在黄金流动,总购买力的变化也会以几乎相同的方式发生。

在这个时期,加拿大获得了通常所谓的国际收支顺差。然而,

这个说法的含义并不是十分清晰。这里指的应该是该国在整个时期内存在通过借债而形成的外国资产的净流入。而这种情况意味着要么是该国负债的增加，要么是一部分外汇并没有用于平衡国际收支而是作为资本留在外国。汇率的变化对刺激此类资本投资以及阻止货币被投放到市场上有着重要的作用，后两者又都会导致更大程度的汇率变化。然而，实际情况可能是完全不同的。银行希望以固定的价格买卖外汇，其外汇储备将发挥调节器（regulator）的作用以使得该国即使在没有汇率变动的情况下也实现国际收支的平衡。在这种情况下，如果实际的变化很小，原因主要是银行希望将黄金储备保持在特定的比率上，因而不时地会进口黄金。然而，正如已经提到的，这些都是次要的。关键是银行通过创造新的存款（也就是新的购买力）以严格固定的价格买入外汇的无限意愿。因此，在这种情况下，相比古典理论关于黄金流动机制发挥作用的情形，所谓的国际收支顺差可以更容易地维持在均衡水平。

购买力变化及其对价格的影响　资本借入国使用一部分新增的购买力来增加对国内商品和准国际[①]商品的需求。如下文将要进行的详细阐述，这最终会导致进口盈余从而增加对外国货币的需求。（本国）银行通过在纽约提取其美元外汇储备来满足这些需求。因为本国的进口商通过减少他们的银行存款来兑换外国货币，所以加拿大国内银行的存款将以相同比率减少。然而，因为从

① 这里的论证考虑了国际商品交换，因此分别使用“准国际”和“国际”来替代“准区际”和“区际”。

外国的借款在整个时期内持续进行,新货币供给整体上与需求的增加同步。有时外汇储备随着借款的增加而增加,然而在借款减少的短期内,外汇储备也因而减少。显然这可以作为维持国际收支平衡的稳定器。另外,与国外资产的变化同步的是加拿大银行的存款也有相应的变化。每次借款的增加以及在纽约所持有的外汇储备的增加都会导致加拿大银行存款的扩张,同时借款和储备的减少也都会带来加拿大银行存款的减少。然而就整体而言,资本输入会在整段时间内持续增长,除去少数不太重要的误差之外,加拿大在整段时间里其外汇储备和银行存款都将稳定增加。

现在的问题是这种增长了的购买力如何影响加拿大的物价。如果购买力是针对可贸易商品和准国际商品的话,结果就将是出口迅速减少而进口增加。然而,需求也同样会针对国内商品,而其又不能通过供给的迅速增加来满足。结果就是,相对于进出口商品的价格而言,国内商品和服务的价格大幅提升。而进出口商品价格不受加拿大的影响,同时,加拿大出口商品的价格在外国需求没有明显增加的情况下也是无法上涨的。因而,提高准国际商品的价格也将非常困难,因为它们面临来自进口商品的直接竞争。

这些变化意味着与国外价格相比加拿大的物价水平上升。[①] 如果我们以 1900 年为基期比较加拿大和英国相同商品的价格指数,我们可以得到 1913 年加拿大(的数值)为 127,而英国为 116。同样,加拿大和美国相比较的数值分别为 128 和 120。正如上文

① 对比本书 167 页“相对商品价格的变化”部分的内容以及第十五章的相关内容。

所述，加拿大国内不同部门的价格指数也发生改变。相比进口价格指数(114)和出口价格指数(134)，本地商品价格指数高达162。而与此相对比，美国国内商品的价格指数只有123，这与其整体物价指数大致相同。这些是1913年的数据，但对于整个时间段来说仍然适用。在不断增长的资本输入的影响下，(加拿大)这段期间的特征就是持续走高的价格水平。部分价格水平的相对数值在整段时间内都和1913年相同，只是价格水平间的绝对差额逐年减小。

价格变动对加拿大进出口的后续效应　我们现在研究第三个问题，即国际收支平衡在资本大量输入时如何保持？借款意味着加拿大购买力增加，如果这些增加的需求是针对进口商品或者其他出口商品的话，那么这将直接导致贸易收支逆差。如果增加的购买力是针对准国际商品的，那么结果同样是商品进口的增加，因为这些准国际商品很容易被外国的相同商品所代替。如果增加的购买力是针对本地商品和服务的话，那么效果就更复杂一些了。首先考虑出口数量，显然本地商品价格上升及相关生产要素报酬增加意味着出口产业生产成本更高，在不影响销售量的情况下这些产业无法轻易提高其产品价格，因此其利润相比之前下降，同时其相对重要性也降低了，除非他们可以增加产量并从中获利。因此，相对价格的变化会阻碍出口产业的生产进而阻碍出口数量。准国际商品的产出也受到类似的影响，其产出的减少会导致外国替代品进口的增加。显然，由不同产业部门价格水平的变化及其对生产格局的影响而导致的进口增加和出口减少也应该被列入借款的直接影响。这种不同部门价格水平的变化也会导致需求的变

动:需求将会转向那些相对更加便宜的国际商品和准国际商品。这些影响也会导致贸易收支逆差的增大。

因为加拿大经济增长很快,尽管存在资本输入的消极影响,其出口仍在持续扩大。然而进口增长速度更快,这从下列数字中可以明显看出(年平均额,单位为万美元):

年份	进口额	出口额	年度进口盈余
1898—1900	164	172	-8
1901—1903	214	211	3
1904—1906	273	225	48
1907—1909	314	249	65
1910—1912	474	304	170
1913—1914	672	436	236

想要测度在没有资本输入情况下加拿大的出口和进口趋势是不可能的。事实上存在着一些出口被抑制的迹象。比如说,我们发现出口占商品产出的比例从 1901 年的大约 22% 下降到了 1911—1913 年的 15%、14% 和 17%。实际上,所有出现出口显著增长的产业都有一些特殊的激励因素,比如说发现新的自然资源等。尽管整体经济扩张,而其他产业甚至无法维持其原有的出口额,这也就表明存在一些阻碍出口的特定因素。无可否认,这种因素正是不同部门价格水平的变动。这种商品价格的变化似乎反过来又至少部分地依赖于资本输入。

进口出现增长的主要证据来自如下事实:在资本流入增长期间,主要用于固定资本生产的投入品构成了进口商品的最大比例。

还有一个问题是,是否存在这样一种力量,在允许适度的运费及相关类似费用的情况下使贸易收支逆差正好与净资本流入相一致。答案似乎是没有。当借款停止时，加拿大银行所持有的外汇储备明显高于期初，因而部分借入的资本没有流入加拿大。的确，从国外借款的公司和个人大概使用了全部借来的款项，但是他们的部分需求是针对国内商品的。上述机制中没有任何证据表明其他个人将会增加其对外国商品的购买并使其数量恰好等于前面那些公司和个人购买的国内商品的数量。

贸易条件的变化　在简单讨论过维持国际收支平衡的方式后，我们转向这个过程是否会导致加拿大贸易条件发生变化的问题。古典理论相当关注不同情形下贸易条件的变化，并将其作为分析贸易影响的基础。正如之前反复提及的，如果我们只考虑实际贸易的商品，那么就不能恰当地讨论这一问题。然而，贸易条件这一问题值得进一步的研究，因为它有助于解释价格决定问题。

接下来的问题就是资本输入如何影响加拿大和其他国家之间的贸易条件。通常的答案是这样的：外国必须以更低的价格提供商品来使加拿大购买更多数量的产品，这是创造出与借款相当的进口盈余的必要条件。然而这并不正确。借款意味着加拿大总体购买力上升，外国购买力下降。结果必然是加拿大对外国商品需求的增加和外国对加拿大出口产品的需求降低。因此，进口盈余即使在贸易条件不发生变化的情况下也一样会出现。然而，进口盈余一定小于借款，这是因为新的需求不仅集中在国际商品上，还包括国内商品。因此局部价格水平机制必然是以上述方式运行的。这间接地增加了进口剩余。

如果不存在运输成本并因此使得所有商品都可以进行贸易的

话，那么资本输入就将会直接导致大量贸易收支逆差。商品相对价格就不会发生变化，也不需要发生变化。而运输费用的存在完全改变了这种情况。现在必须考虑本地商品，即那些只有在一个相当高的价格水平上才会由外国供给的商品。它们必须在加拿大生产。对这些商品需求的扩张也就意味着生产这些商品的相关生产要素的短缺及其报酬的上升。因此，出口产业的同类生产要素价格必然呈现上涨趋势，因为一个产业要素稀缺性的增加会或多或少辐射到其他产业。除非外国对加拿大出口产品的需求具有完全弹性，否则这些商品的价格最终一定会上涨，尽管其上涨的幅度将小于本地商品价格的增幅。结果是外国需求降低，出口产业萎缩[①]。尽管生产成本和价格更高，只要出口仍在持续进行，加拿大的贸易条件就将会得到改善并从对外贸易中获得比资本输入之前"更多获益"。

在这方面加拿大的实际情况又如何呢？出口商品相对进口商品价格提高了吗？答案是肯定的。如果我们以 1900 年作为基准，进口价格指数在 1913 年只有 114，然而出口价格指数约为 134。然而这些未加权的价格指数不是完全可比较的，因为出口商品结构在 1900 年后发生了相当大的变化。这一点最好通过以 1913 年的数量加权得到的出口价格指数来阐述，其在 1913 年只有 120，远远低于以 1900—1904 年的数量加权得到的数据，也就是 136。因此，相比 1913 年的进出口价格，使用以各年的进出口数量加权得到的价格指数更为精确，尽管要完全避免价格指数计算方法的

① 当然，扩张和萎缩是相对而言的。

缺陷是不可能的。我们得出结论:出口价格相对于进口价格的增长并不显著。

我们并不能完全确定,贸易条件发生的微小变化是否仅仅是由资本输入引起的。首先,如果出口价格上升,那么这一价格上升的变化可能是世界市场变化的结果而与加拿大国内状况无关。因此进出口价格间的关系变化可能完全独立于资本输入。这需要进一步的研究。确实,大部分加拿大出口产品的价格是在世界市场上形成的,并不受加拿大供给的较大影响,而且一些出口商品的价格也确实上升了。但需要指出的是,如果加拿大的生产状况没有变化,人们会预期这些价格提高了的商品的生产和出口将会扩张,而其他商品的出口将会萎缩。然而,加拿大的情况却完全相反。从整体来看,出口增多了的只是价格上升很少或者完全没有上升的商品,而实际价格从1900年到1913年上涨最多的那些商品的出口实际上都减少了。这似乎意味着价格提升的真正原因是加拿大国内情况的变化,也就是生产成本的变化;那么很自然地,更高的价格导致销售额大幅减少。[1] 简单来说,如果加拿大出口产品价格变化的原因是源于需求方面,那么价格上涨的那些商品的产出应该就会增加;而实际情况恰恰相反,这意味着加拿大出口产品价格变化的原因应该是在供给方面。

现在的问题是生产条件的变化在多大程度上是由借款引起的。在保持其他条件不变的情况下孤立地探讨这个问题非常重

① 新自然资源的发现、更好的运输条件等都会有利于其他商品的出口,甚至在那些即使工资大幅增长但是价格并没有上升的情况下。

要，甚至有决定性的影响。我们已经指出，某些产业的生产效率会由于新自然资源的发现而提高。然而，因为由此产生的任何的产量增加都无法显著影响世界市场价格，结果就只能是更高的工资、地租和利润。在这种情况下，国内产业中的要素报酬将会上升。同时，国内产品价格也会随之上升，除非其生产效率也相应上升。另外，那些没有从新资源的发现和更便捷的运输中获利的产业的生产成本将会上升，这些产业的产出和销量无疑都会下降。因此，上述价格指数可以得到解释而不需要涉及资本输入。因而无法判定资本输入在多大程度上实际影响了贸易条件的变化。

接下来我们本应该就加拿大资本输入何以停止这一问题开展研究，即先研究其对购买力和货币数量的影响，接着再研究资本流动过程中以及流动结束后商品相对价格的变化。然而这是不可能的，因为世界大战的爆发使所有的经济变量都发生了剧烈的变化，不只是加拿大也包括外国的，而紧接着发生的变化主要是与要素有关，而不是与资本流动有关。

非金本位的固定汇率制　在讨论自由且波动的汇率情形下的资本输入之前，我们需要先来讨论一个与上述讨论过的略微不同的情形。如果汇率是固定的且并不实行像加拿大那样的金本位制，而是通过比如金汇兑本位制或其他类似制度，那么对外贸易的调整机制本质上是不受影响的。的确，在实行金本位制的国家中，借款规模的变化一定会导致黄金储备的增减，但是这仅仅意味着外汇储备转变为黄金进入银行的库存。甚至都不需要发生实际上的黄金输入，它们可以被保存在某个世界金融中心，因为大部分国家的金融法规都允许以这种形式持有的黄金作为其黄金储备。在

大多数情况下，黄金在国际贸易中已经不再扮演古典理论所赋予它的角色。古典理论认为新的购买力的产生是黄金输入的结果并在黄金的输入之后才发生。

固定货币供给[①]

我们现在要研究的问题是：如果没有新购买力被创造出来，那么所需的信贷业务如何发生？在借款人出售外汇和外汇被用于支付进口盈余之间的一段时间里，拥有本币购买力的人们一定会得到外汇。在支付手段数量保持固定不变而汇率可变的假设条件下，国际收支的这种调整是如何实现的？

在这种环境下，我们不能假定银行会以固定价格购买外币，因为这将意味着转移到外币持有者手中的购买力是从其他人手中获取的。银行没有理由遵守这样的政策。相反，当借款人向市场提供外币时，外币价格就会下降，这将会刺激各种不同的投机者群体，例如那些需要在近期进行外币支付的进口商将会购买他们目前并不需要的外币。因此就形成了购买力向借款者的转移。

汇率的迅速下降将迅速导致进口价格的下降，也会降低准国际商品的价格，因为这些商品与进口商品直接竞争。另外，汇率下降也会导致出口产品价格相应下降，因为他们的价格由世界市场决定并且几乎不受资本输入小国的国内状况的影响。很明显，国内商品很少受到汇率下降的影响，因此其价格相对于国际商品和

① 此处讨论的目的在于消除价格水平变化的“货币”起源。只有在静止的经济体中它才意味着一个固定的货币存量。“固定货币数量”的这一表述应该被理解为是相对于在没有资本输入情况下对支付手段的正常需求而言。

准国际商品会上升。正如在B部分详细讨论过的，这种相对价格的变化将影响需求和生产模式。结果是进口增加而出口减少，国际贸易收支逆差将由从借款中获取的购买力得以补偿。只要借款持续进行，就可以持续不断地获得新增加的外币，而汇率就会一直保持在低于它最初的水平。

在这种情况下，整体价格水平会怎么样呢？资本输入所带来的该国进口商品的增加导致该国商品总量的增加，然而我们假定该国货币数量是保持不变的。[①] 根据货币数量论，结果应该是整体价格水平下降。然而，这个理论的基础假设是其他条件不变。在这个例子中，该假设可能并不合理。资本输入首先会引起资本品数量的增加，例如铁路，其中一些受制于它们有限的可转移性从而不会产生较多的货币需求，因此货币需求可能无法与商品数量呈现同比例变化。另外，资本输入给借款国经济带来的深远影响很可能会导致货币和信贷流通速度的改变。至于这些变化发生的程度是无法预先判断的，因为这取决于每个个案的具体情况。总体来说，我们假定价格水平下降是合理的。

既然国际和准国际商品的价格以及整体价格水平均下降，那么国内商品价格水平又将如何变化呢？我们已经指出它们的价格将相对上升。然而问题是它们在绝对意义上会上升还是下降，又或是保持原有的水平。要给出一般的回答似乎是不可能的，但不管怎样这并不是特别重要的。重要的是国内商品价格相对于汇率一定会上升，而汇率伴随着国际商品价格变化而变化。这意味着

① 也就是说它不受资本输入的影响。

该国一般物价水平相对于汇率水平以及外国价格水平也将会上升。[1]

在之前的例子中，汇率是固定不变的，国内商品价格和整体价格水平都绝对增长。而在这个例子中，相对于国内商品价格和整体价格水平而言汇率是下降的。因此，相对价格的变化在两种情况下是一样的，而货币制度的组织形式（即货币供给）决定绝对价格变动的方向以及调整的方式。

可变汇率制度和货币供给

很显然，对货币政策不进行一些假设就不能明确指出绝对价格的变化。在采用不可兑换的纸币作为货币的国家中，资本流入可能会导致其信用扩张从而带来该国价格水平的上升，尽管这可能并不足以让汇率保持不变。另一方面，资本流入可能导致信贷扩张规模远大于为保持汇率不变所需要的。因此结果最终可能是汇率的上升以及整体物价水平更大幅度的上升。受到来自价格上涨以及资本品（如铁路）供给增加的刺激，一个经济体会增加其经济活动并增加对信贷的需求。如果这种需求通过新创造出来的购买力得到满足，那么结果将会是通货膨胀以及在之后不可预期的时间内持续的价格上涨趋势。此外，完全不同于资本流入的其他事件当然也有可能创造出不同程度的通货膨胀。政府也可能有意实施通货紧缩政策，例如十九世纪六七十年代的美国。其结果是价格水平的降低和更大幅度的汇率下降。1864—1874 年间，价格

① 这意味着资本流动被看作是价格水平相对高度的决定因素。参看第十五章。

水平从 180 降到 130，纸币(美元)标价的黄金价格由 203 降至 111。[①] 如果以黄金价格来表示，那么我们就会发现在资本流入时期美国价格水平相对于英国是大幅增长的。这时期及其前后期的平均值如下：

年份	美国	英国
1862—1864	90	95
1865—1874	118	101
1875—1878	101	94

在不存在独立货币政策的铸币本位制下，资本流入更有可能导致信贷规模的扩张。我们已解释过，在进口盈余和对外币需求增加出现之前的一段时间内，借款人通常需要本币的购买力。而在此期间，外币必然被投机者持有。如果没有创造新的购买力，借款人只好在一定程度上限制其常规的经济活动以增加其货币持有量。这可能吗？除非实施限制性政策，否则这些投机者不会增加其信贷需求从而导致信贷扩张吗？如果投机者是银行，有没有可能在其正常信贷供应大体保持不变的情况下，他们信贷的总供应量增加了呢？然而，推论在资本流入时期最有可能实施什么样的信贷政策是没有意义的。从经验来看，借款国在这样的时期内通常都经历价格的大幅度上升。这可能是因为在价格不断提高和巨大利润的时期，资本投资具有更大的吸引力，尤其是在新兴国家。同时在另一方面，资本流入可能起到刺激经济扩张和发展的作用。

① 数据来自格雷厄姆(Graham F. D.)《纸币贬值下的国际贸易，1862—1879 年的美国》，《经济学季刊》(*Quarterly Journal of Economics*)，1922，第 36 期，第 239 页。

其中一个最重要也最有趣的例子是19世纪80年代发生在阿根廷的资本流入。[①]在19世纪上半期有相对较小规模的资本流入，但是在1886—1889年间却有巨额的资本流入该小国。期间，扣除利息及分期偿还后，每年的资本净流入分别是41，116，198，94（以百万金比索计）。与此同时存在着剧烈的通货膨胀趋势，以比索标价的黄金价格从1887年的135上涨到1890年的251。随着1890年巴林危机（Baring Crisis）的爆发，资本流入停止。结果是金价猛涨，截至1891年的均价是387。次年通货膨胀停止，比索的票面价值略微上升。

汇率和价格水平的关系 可变汇率情形下的资本流入并不能压低汇率，正如货币数量被假定为固定不变的情形那样。相反，受高通货膨胀率的影响，自1888年起汇率几乎持续上浮。然而，外币供给的增加有可能把汇率压低到没有资本流入而存在同等快速上升的通胀情况下的水平。其逻辑如下：借款人用他的部分国外购买力来购买国外商品和阿根廷出口商品，这就形成了以相应数量外币支付的进口盈余。然而，他也会将部分购买力用于购买国内商品[②]和服务。为此他需要阿根廷货币，结果是他会供给外币从而将外币汇率压低到其以往的水平之下。由于持续的通货膨胀和货币供给增加，汇率并没有下降而只是延迟了上升。然而进口受到了刺激，因为现在可以比以往更便宜地获得这些进口商品

① 构成本节论述基础的有关阿根廷的信息来自威廉姆斯《不能自由兑换纸币下的阿根廷国际贸易1880—1900》，剑桥，马萨诸塞州，1920。

② 自从阿根廷的经济受到国际贸易的强烈影响后，只有少数商品可以被称之为“国内商品”。

了。再者,对劳动力需求的增加将会提高劳动者的购买力并因此增加他们对国内外商品的需求。在形成进口盈余的这段时间里,外币被投机买者持有,比如进口商。这些投机者需要进行外币的支付,而借款者通过将外币兑换成本币获得了在通胀过程中形成的部分购买力。

不幸的是,事实上在阿根廷的数据中并没有发现以上理论的验证,主要是因为我们并不能观察到如果不发生资本流入汇率将会怎样。然而,我们已尝试将纸币标价的黄金价格与货币供给的相对增加量进行比较。可以看到,相对于经济活动水平的增加及其对支付工具的更高需求,银行票据存量在减少。这个结果在图1中可以清楚地看到。[①]

总的来说,黄金价格无比密切地随货币存量的变化而变化。在资本流入时期,前者保持在低于后者的水平,而之后情况发生逆转。尽管这些曲线的得出依赖于一系列的假设条件,但是在一定的可信程度内,它们看上去似乎支持了我们的前述观点:相对于货币供给和价格水平,资本流入倾向于压低汇率。

新购买力的创造　阿根廷和加拿大的比较表明,在两种情况下都创造出了新的购买力并通过货币兑换被转移到外币持有者手中。然而,在加拿大,总的购买力的增加是直接取决于外币持有人将外币出售给银行,而在阿根廷资本流入和创造新购买力之间的关系是更为间接的。然而,即使在阿根廷二者也肯定是有因果关系。不仅在阿根廷,在巴西、智利以及其他一些国家,资本输入和

① 与表1相比较。

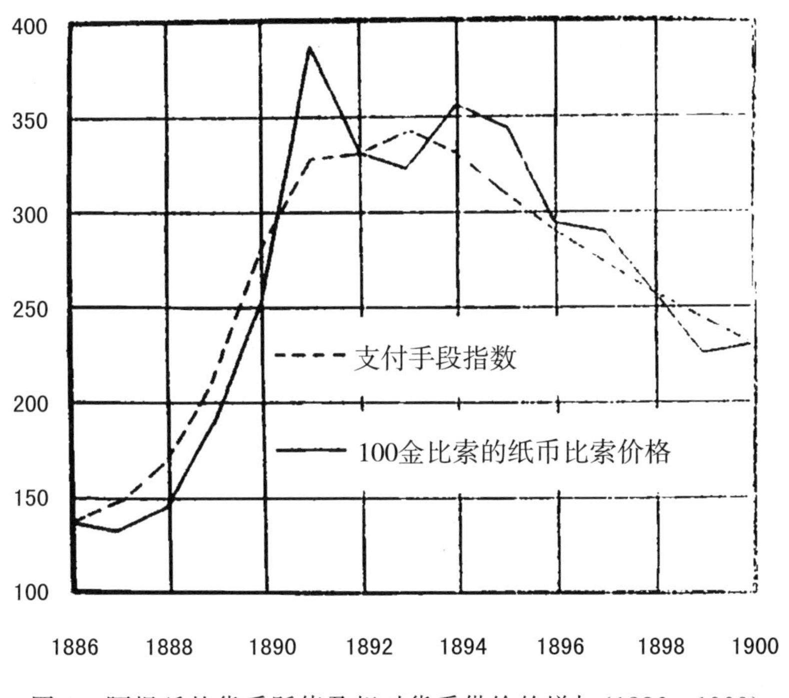

图 1 阿根廷的货币贬值及相对货币供给的增加(1886—1900)

(基期:1885—1877)

通货膨胀之间都有如此显著的同步变动的趋势,以至于不能否认它们之间存在的因果关系。稍微有点不一样但是却广为人知的情况是 1871 年德意志统一后流向该国的赔款给紧接着的几年间带来了剧烈的通货膨胀的攀升。这种关系应当相当接近于我们将简要阐述的阿根廷的情况。

价格一旦上涨就有动力延续这一趋势并需要更大量的支付手段。然而,阿根廷银行必须在有相应的必须用黄金才可以购买的特殊政府债券作为抵押的情况下才能印刷钞票。由于黄金可以通过向国外借贷获得,银行自然地就会利用这个机会。通货膨胀影响资本流动的另一个渠道是通过政府的财政。价格上涨导致公共预算上持续出现赤字，这就需要通过借债来弥补。由于国内借款的可能性是有限的，结果就是寻求国外借款。第三，物价上涨、经济繁荣和投机行为将刺激外国资本持有者投资于阿根廷的工业和运输业以期获得更高的利润。通胀则无疑会影响到资本输入，同时资本输入反过来又会刺激通货膨胀。由资本供给量的增加以及一定程度上移民的增加所带来的巨大的经济扩张使得对各种资本投资利润的乐观情绪不断上涨。在这些条件下对信贷的需求非常强烈，并且由于信贷供应量没有受到限制，导致的结果就是信贷扩张和通货膨胀。

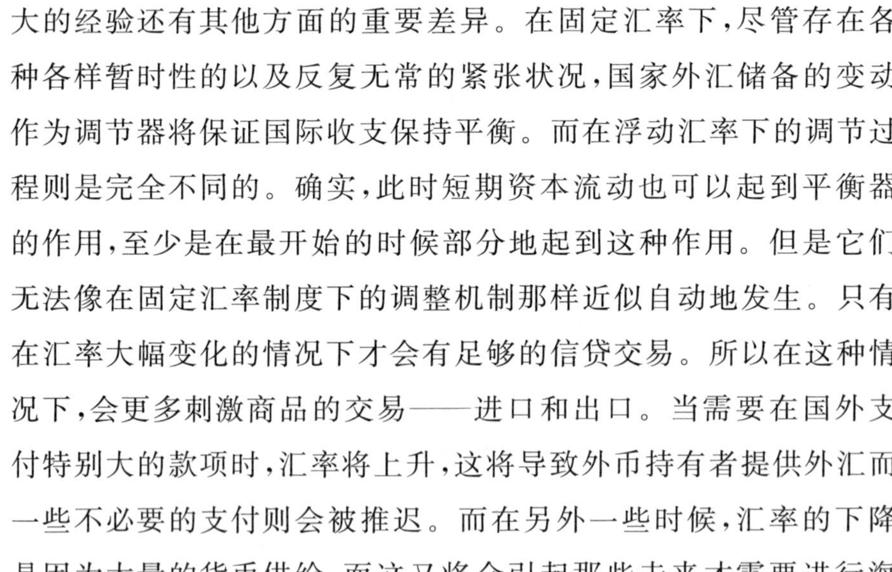

收支平衡的调节 除了信贷扩张的模式之外，阿根廷和加拿大的经验还有其他方面的重要差异。在固定汇率下，尽管存在各种各样暂时性的以及反复无常的紧张状况，国家外汇储备的变动作为调节器将保证国际收支保持平衡。而在浮动汇率下的调节过程则是完全不同的。确实，此时短期资本流动也可以起到平衡器的作用，至少是在最开始的时候部分地起到这种作用。但是它们无法像在固定汇率制度下的调整机制那样近似自动地发生。只有在汇率大幅变化的情况下才会有足够的信贷交易。所以在这种情况下，会更多刺激商品的交易——进口和出口。当需要在国外支付特别大的款项时，汇率将上升，这将导致外币持有者提供外汇而一些不必要的支付则会被推迟。而在另外一些时候，汇率的下降是因为大量的货币供给，而这又将会引起那些未来才需要进行海外支付的经济主体之后的一段时间内需要进行海外支付的投机性购买。总之这种情况的特点是，作为国际收支调节器的外汇储备

本身就经常转手交易，其价格是不断变化的。

短期国际资本流动

尽管在之前的分析中我们将注意力主要集中在长期的资本流动及其影响上，然而前文对不同情形下资本流入所作的分析已经在一定程度上描述了短期资本流动的本质。对于加拿大来说，在纽约的外汇储备是国际收支的有效调节器。当需求增加，发行更多本币兑换这些外汇以支付进口的盈余，外汇储备会减少，而在另外一些时候，当对外借贷增长时外汇储备则会增长。在其他情况下有可能发生短期借贷，比如投资外币、海外债券交易等等——其目的和结果与长期资本流动是一样的。在任何时候，所有的国家都有必要调节国际收支。进出口的收支金额并不总是吻合的，因此信用交易是必需的。也就是说，货币钞票的供给和需求必须总是相等。如果货币过剩，其价格下跌，对其需求就会增加并且其供给也许会受到限制。这无非是一个短期国际资本流动的过程。在金本位的国家之间，即使是微小的汇率变动都足以引发这样的交易，因为如果汇率有偏离平价的趋势，人们往往认为它很快会回归平价。例如，即使汇率的微小上升也会使得当下借贷然后在数月之后等汇率下跌时再偿还变得有利可图。在黄金输送点之间的汇率波动足以造成这种交易。所以此时的汇率要比在国家之间运送黄金作为平衡国际收支唯一途径的情况下更加稳定。也许一百年以前他们确实需要这样做；当然如果真的是这样，古典理论基本上是正确的。不过，现在黄金的输送已经几乎完全被国际信贷流动所取代。黄金流动的决定是出于完全不同的考虑，主要是央行出

于其储备的考虑，例如在战争之前各国将购入黄金，即使汇率跌至平价水平以下。

对这个复杂的问题进一步考察则是属于汇率理论。但是我们应该看到，这种通过短期资本流动保持国际收支均衡而不会引起汇率更大波动的能力完全取决于如下理念：如果汇率偏离平价就会很快扭转方向；如果没有偏离，就没必要基于汇率的微小变化而进行投机。这是很重要的。显然，在不可兑现纸币本位的国家中，短期跨国投机并没有坚实的基础，因此其对汇率波动起到强化还是抑制作用的可能性是一样的。

短期资本流动往往发生在与长期流动相反的方向上。进口或出口资本的国家需要一个机制来平衡国际收支，这同其他情况下一样，例如，一次不好的收成、一项新的发明创造或是对特定商品的需求增加，可能会给国际收支带来不同的影响并因此需要进行某种调整。在战争（第一次世界大战——译者注）开始前的 50 年里，英国出口数额巨大的资本到海外多个国家。尽管如此，有时英格兰银行仍然认为有必要通过其贴现政策或者其他政策来吸引流动资本注入伦敦以抵消短期的国际收支逆差倾向。

一国内部不同区域之间的资本流动

短期流动

一国之内的短期资本流动和不同国家间的短期资本流动是一样的。它们令一国内部不同地区之间的收支得以保持平衡。唯一的区别是，国内流动更容易实现这一任务，因为它不存在汇率的波动。共同银行系统的优势之一是资本能够从一个地方轻易地转移到另一个地方。例如，假设某一特定区域因为收成不好而形成贸易余额的恶化。那么收入在这一地区的下降必将导致其消费以及对来自其他地区商品需求的下降。但是，其减少量可能会小于收入的下降，因为即使从目前的收成中丝毫没有获得收入的农户也必须消费一些东西。此外还有一个事实，即商品交易是通过中介机构实现的，它不会立即调整到消费需求的新水平。因此进口可以大致保持在正常水平一段时间，尽管出口已经出现了大幅度的减少。现在的问题是这部分进口盈余要靠什么来进行支付。解决的办法很简单。那些不随收入减少而抑制消费的人们就必须从他们的银行存款取出资金或获得新贷款。在任何一种情况下，如果这一地区不希望其可贷资金突然大幅减少，那么该区域的银行就必须从其他地区获取资金。通过地区间的大型银行，这种资本转移很容易发生。一些分支银行中的过剩储蓄被部分输往这些需要资金的地区，而不是输往它们原本打算输往的地区。

这种情况与短期资本国际流动之间的差异并不显著。关键的区别是，在国际资本流动情况下银行可能不愿意以一个*绝对*固定的价格来购买外币，而在这里讨论的情况下其他区域货币的价格是被共同货币体制固定了的。然而，正如上面提到的，银行可能会觉得以固定汇率买卖外币对它是有利的，正如它们买卖国内的票据一样。因此可以想象的是短期资本流动在这两种情况下的发生方式是完全相同的。无论如何，从经济理论的角度来看二者的差异并不是很重要，纵然就银行技术层面而言这种差异是值得关注的。

长期流动

可以通过下面的例子来说明一国内部的长期资本流动：假设要在某一特定区域建造铁路。铁路公司的股东通过借款、出售其他资产，或者动用其新的储蓄以获得资金来购买股权。不论何种方式，结果都是将资本从该国其他地区吸引到这个区域。从而增加该地区总的购买力。迄今为止的故事与金本位制度下国家之间的国际借贷的情况完全相同。只要新的需求是针对进口商品、准区域商品或者是出口商品，如此一来“进口盈余”就出现了。只要这种需求是针对国内商品的，供应就无法立即调整，因此其价格必然上升。当在农村地区修建铁路时，粮食价格的上升就揭示了此类情形在现实中总是成立的。这一效应与国际资本流动的情形是相同的。但是，生产根据新的需求模式实施调整的可能性在前一种情形要比后一种情形下更大，因为所需的劳动往往和资金同时流入相关地区。资本和劳动力在一国内部的流动性通常要远大于国际间的流动性。因为可以更容易地实现调整，部门价格水平之间的差异几乎可以肯定小于前面所讨论的（国际资本流动的）情况。然而，由于那些需求有所增加的商品的生产中需要土地要素，其供给的增加不是轻易能够实现的。

如果资本流动在一段时间内以不变速率继续存在，那么价格的绝对变动可能是在资本输入开始之后的一年或两年内达到最大值。但是，如果资本流入随着时间的推移稳步增加，那么价格变化自然就会相应地变得更大。

资本流动与要素供给

正如上文中所提到的，非常有必要将区际流动机制与这些流动对不同地区内部生产要素供给带来的影响区别开来。前者准确地说指的是区域间存在资本流动时的区际贸易机制。生产要素的供给状况总是因为不同的原因而不断地变化，因此一般来说，想要判别不同变化所对应的原因是不可能的。偶尔也会发生这种情况，那就是借来的资金主要用于满足消费从而并没有带来资本供给的增长。如果那样的话，资本流入的全部影响就是上文所讨论的那些变化。但是，在绝大多数情况下，大部分的借贷资本都会被用于生产从而导致资金借入地区资本供给的增加。

如果一个区域发生资本的输入但并不伴随着移民的输入，其结果势必会是资本相对供给的增加。资本利率将会下降，同时工人的工资和土地的租金会上升。由于资本主要流向高利率国家，所以不同国家之间会出现生产要素价格的趋同。在那些资本流入的区域，此类变化有利于那些相对密集使用资本的产业，因为此时获取资本的成本大大下降。部分产业相对于国外相关产业的竞争力会发生变化，以至于区际商品贸易的基础也发生变化。我们应该明白这种商品贸易从根本上是取决于多种要素的相对稀缺性，而且每种要素相对稀缺性的任何变化都会引起区际贸易相应的变化。例如，资本供给的增加将会提高精密工业品的产量，然而那些此前用于出口且高度依赖劳动力和土地要素投入的商品此时将被仅仅用于满足国内的需求。

然而，与大量的资本流动相伴随的常常是劳动力的大量流动。一国内部不同区域之间的资本流动更是如此。那些能够带动资金流动的力量通常也能带来劳动力的转移。假设正在修建一条铁路，那它们将不仅仅带来购买力的增加同时还要有劳动要素的变化。此外，国际间的资本流动通常也会伴随着大量移民的产生。过去五十年间，南美的资本输入就与同时期的移民输入密切相关。[①] 在这种情况下，资本输入国能够同时获得劳动力和资本要素供给的增加。不同生产要素的收益所受到的影响并不是那么显而易见。我们唯一能确定的是地租将会上涨。但是，交通运输方式的改善所带来的可用土地资源供给的显著增加会抵消这一上升趋势。

在20世纪初流入加拿大的资本如此之多以至于尽管有大量移民的流入，资本供给的增长速度还是超过劳动力供给的增长速度。从1900到1913年，加拿大的人口增长了46%，而资本存量却增长了100%—200%。工资的增长似乎成为顺理成章的事情，尤其是在同一时期发掘出了新的自然资源。但是，这些似乎都不能完全真实地反映当时的情况。从一些可信度并不太高的数据来

① 以下所示为迁徙到巴西和阿根廷的移民数据，这些数据表明了资本流动和人口流动之间的关系。

时期	巴西		阿根廷	
	年份	数量	年份	数量
主要资本流入之前	1881—1886	24,000	1881—1884	60,000
通货膨胀和资本流入	1887—1898	83,000	1885—1890	142,000
通缩和少量资本流入	1899—1905	55,000	1891—1899	91,000

移民数据是从官方统计获得；对巴西的时间划分是基于作者针对不同国家资本进口所做的调查。该调查并未出版。

看，这一时期加拿大工资的增长率为49%，而同时期美国的工资增长率为28%，英国的增长率仅为3%。[①] 另一方面，与其他国家相比，加拿大这一时期生活成本的上升远高于其他国家，生活成本的上升完全抵消了货币工资水平的增长。实际工资未能上涨可能部分归因于在价格上升期工资收入通常落后于生产成本的增加。此外，土地稀缺性的上升也可能抵消工资上涨的趋势。贸易保护性质的关税在维持资本相对于劳动力而言的稀缺性方面也起到了很大的作用，因为贸易保护主义者们毫无疑问会鼓励扩大资本密集型商品的生产。

从国际贸易的变化中可以看出土地相对稀缺性的上升。当资本开始输入时，尽管会有大量的进口，但是仍然会有土地密集型商品的出口。当然，在这一时期结束之时，进出口数量将达到大体平衡。具体数据如下（以百万美元为单位）：

	进口	出口
1900—1903	2.6	35.0
1911—1913	9.8	12.3

总的来说，出口商品的结构经历了从以制成品为主到以机械、原材料和半成品为主。换句话说，在进口商品的结构中，包含高技能劳动力和某些特定自然资源的商品的比例将会不断增加，而依靠大量资本要素和低端劳动力的商品的比例将不断下降。毫无疑问，造成这一现象的主要因素是资本和移民的涌入以及关税政策。

对加拿大的这个案例研究表明，对劳动力要素的所有变化及

① 引自第13章中维纳的著作。

其影响进行全面的分析是非常困难的。总的来说,我们可以观察得到资本流入区域的进展,但是我们除了可以明言地租受到积极影响之外,却无法判明收入分配的变化。

第十章 要素流动性对区际贸易理论的影响

在前三章讨论的基础上，我们现在尝试简要地说明生产要素流动性对区际贸易理论的影响。在第七章我们指出区际贸易和劳动力分工由生产要素在不同地区的实际供给所决定，而不是由未来预期的供给量决定的。因此，生产要素流动性不会改变商品交换的本质。但它的确意味着要素价格均等化的趋势，这一趋势与商品贸易相伴随且与之具有相同的方向。然而，这种价格均等化的趋势只有在地区间的要素收益差别足以抵消要素流动所涉及的成本时才显得重要。另一方面，如果要素流动的激励不够充分，那么生产要素的潜在流动性则不具有影响。如果实际上并没有发生要素的流动，那么价格决定机制的运作在本质上会和区际要素非流动性情形下一样。

就不同的生产要素而言，上文已经指出“土地”一词所包含的所有要素都是完全不可流动的，其他的生产要素则不然。资本具有高度区际流动性。在一些情况下，利率的微小变化也能带来资本的输入和输出。另一方面，有些情况下流动性较低则是由于信息不完全、相关法律法则的差异以及其他与资本区际流动有关的风险因素。一旦发生资本流动就将使生产要素价格均等化。但是，区域之间存在利率差距并不必然导致资本的流动——当然这只是种例外。最重要的资本流动仍然是那些由于利率差异而发生的。总的来说，资本流动无疑有助于实现生产要素价格的均等化，尽管可以举出一些反例来。

举例来说，价格结构由于需求变动而产生变化，这一结构变化通常会导致不同地区的生产要素收益发生变化。伴随着这种变化，我们发现新商品价格不仅影响商品贸易还影响特定情况下（长期）资本的输入和输出，这意味着进口盈余和出口盈余将会按照前面章节所描述的方式那样出现。因此，类似于上文提及的价格均等化，资本流动极大地改变了区间商品交换的本质。

正如区际资本流动的主要原因在于利率差异那样，地区间人口流动主要是由于工资水平的差异。移民通常从低工资地区流向高工资地区。尽管存在其他方面的影响，人口的流动无疑意味着要素价格均等化。然而，人口流动却不像资本流动那样对区际贸易的本质以及进出口模式存在即时影响。

生产要素的区际流动性会导致生产要素发生转移，从而直接强化价格结构均等化的趋势，这并不是唯一重要的。同样重要的是，对基于区际非流动性的理论所作的这种增补是否应该被当作一种规则，还是只是一种特例。当没有发生要素转移时，如前文所述我们并不需要修正理论。当然，区间转移的可能性取决于各种情况中的特殊环境。如果我们考察生产要素的国际流动，一方面我们会发现有许多重要的生产要素流动的实例，而另一方面我们会发现许多国家在国际贸易中并没有受到生产要素流动的显著影响，至少在长期没有受到影响。生产要素流动的一个重要实例是上世纪中期随着交通技术的改进而发生的资本和劳动要素向南美洲的流动。因而南美洲国家工资、利率、利润均有上升的趋势。例如，劳动和资本可以被更有效地用于生产小麦和羊毛。其引发的生产要素流入导致南美经济强劲增长，并从根本上改变了其与世界其他地区的商品贸易。此外，在资本输入期间产生了巨大的进口盈余以及伴随而来的价格和生产方面的重大变化。另一种类似的情形则是橡胶产量在其产地的发展。在这一情形中，资本流动主要发生在具有政治一致性的国家之间。在本世纪前十年，随着汽车产业的发展以及随之增长的橡胶需求，相当大规模的资本投入了橡胶种植行业。因此，需求的变化带来这种资本的流动，而这种流动导致橡胶生产地要素报酬的升高。如果要描述和解释近几十年来一些非洲和东印度殖民地与世界其他地区之间的国际贸易，那么就需要充分关注不断增长的橡胶需求及其对资本输入的影响以及资本输入对价格、生产和商品贸易的影响。

有其他类似的变化会导致生产要素的国际转移。然而如同上文所述，绝大多数国家并没有受到这些要素流动的深刻影响。尽管各类变化已经导致了不同国家的工资、利率和地租之间的关系变化，但是这种差异并不足以引发大量的国际转移。在这些情况下，国际贸易可以由不包含生产要素区间流动性的理论加以解释。

至于同一国家内部而言，我们可以得到如下一般性结论：地区间的要素流动性要显著大于国家间的流动性。如果由于某种原因，一个工业区的工资水平上涨到高于某一农业区的工资水平，可能的结果将是劳动力快速地从农业区转移到工业区。与之相类似，资本会迅速地从一国的某个地区转移到另一个地区。当然，在某些情况下，就算是在同一个国家不同地区之间的流动也会遭遇很多阻碍。然而总体来说，上述规则仍然适用。

上述结论构成了生产要素区际流动性在多大程度上会要求对区际贸易理论实施修正这一问题的答案。但我们忽视了另一种类型的流动性，即区间信贷流动，也就是短期资本流动的一种形式。尽管区间信贷流动和短期资本流动的过程无疑都包含了相同的要素：资本，然而相比资本流动而言区间信贷流动起着完全不同的作用。正如前面章节的论述，信贷转移对于维持国际收支平衡非常重要。价格结构的各种变化会迫使该机制的其他部分发生根本性的转变。然而这些转变不会马上发生，因此信贷流动成为保持国际收支平衡必不可少的一部分。当时间足够长以使得必要的价格结构调整发生之后，信贷流动可能会向相反方向进行。在这一情况下，资本输入将被证明仅仅是一种短暂现象，这一现象与利率差异完全无关而仅仅是因为要偿还其业已到期的债务。下一章对不同类型变化的研究会更加明确短期资本流动的功能。事实上，短期资本流动是价格机制中非常重要的一部分，只有把短期资本流动考虑在内才能全面地讨论价格机制的运作方式。

第十一章　区际贸易的起因与后果

第一部分表明生产要素相对稀缺性的差异是构成区际贸易的两大原因之一。然而在第一部分的分析中，我们假设每个地区生产要素的供给是固定的。当我们假定要素供给不断变化时，这会对贸易的起因及结果产生什么样的影响呢？要素供给的变动可能源自生产要素区际流动以及很多时候会出现的工人群体的流动。除了这两方面的考虑之外，每一区域内部人口和工资的增长都意味着劳动力和资本的不断增加。然而，这些变化并不影响贸易的决定因素，即每个时间点生产要素的实际供给。供给不均等以及由此而产生的相对稀缺性的不同是区间商品交换的一个原因。然而，一个复杂的因素是商品交换本身以一种比之前*更不均*等的分配方式作用于生产要素的区域供给。我们能不能将上文表明的观点颠倒一下，也就是说区际商品交换是生产要素不均等分配的原因呢？德国化学工业出口的发展无疑依赖于低价高质的化学家的丰裕供给，但同时此类劳动力的供给也是化学工业扩张的结果。因此生产要素供给和区际贸易并不是前者为因，后者为果，因果关系应该被认为是一种相互依赖的关系。这需要进一步的详细阐述。

区际贸易的存在对整体经济的发展有显著的影响，因此会以多种方式影响生产要素供给，而最主要的传导机制则是通过区际

贸易对生产要素价格的影响。因而我们必须首先考虑生产要素的价格敏感度。[①] 要素供给通常受要素报酬的影响。如果某一劳动力群体的收入上升，我们可以假定流入这些职业的劳动力数量将增加。可能相对有些不太确定的是，投资的高利率会鼓励储蓄。商品贸易将会抵消源于生产要素对其价格的敏感性而产生的要素供给均等化的趋势并因而维持要素禀赋的差异。此外，通过要素价格均等化这一趋势，商品贸易将会抵消由于最稀缺要素价格的升高而本可能发生的该稀缺要素供给的增加。贸易带来的价格均等化趋势使要素的区间转移不再是必需的。因此避免了生产要素的地区分配一致性。商品流动替代了要素的输入和输出。[②]

区际贸易对生产要素供给的影响体现在很多其他方面。因此远期贸易还依赖于当期贸易，就像当前的贸易是原有商品交换的结果一样。原有贸易通过其对整体经济状况的冲击已经直接或间接地成为当前生产要素供给的影响因素之一。

考虑到这种相互依赖，人们仍然可以说区际贸易的原因之一是不同地区间要素禀赋的差异，确切地说是生产要素的相对稀缺性。一个更好的论述方式或许是：此类禀赋差异的存在是区际贸易的一个条件。

---

① 对照在前文已经引述过的赫克歇尔的作品。

② 对照第七章。在第七章中已经指出，商品流动性远无法替代生产要素流动性。商品流动面临着如此巨大的障碍，以至于会发生相当规模的生产要素流动，这些生产要素的流动对工业生产活动的选址是至关重要的。其目的一部分是使生产靠近消费市场，一部分是为了将最终加工工序靠近原材料的生产制造地。两种情形下的目的都是从更低的运输成本中获益，其优势体现在与没有发生要素转移之前相比更高的效率以及因而更高的要素报酬。

当我们只调查一个区域范围内某些地区与其他地区之间的贸易时，要素禀赋差异与区际贸易之间的因果关系可以得到更精确的描述，因为不论是否发生贸易，生产要素供给在本质上是完全相同的。德国化学工业的发展也可以归因于熟练工人的充足供给，这是德国中产阶级对那些严谨、耗时且具有挑战性的工作富有激情的产物。我们可以假定，德国的社会组织和德国的人口特点在本质上与不存在化学工业时是没有区别的。因此，更加准确地说，化学工业的确立是由于充足的劳动力供给，而不是说劳动力供给有赖于大规模化学工业的确立。

除要素禀赋的差异之外，生产要素的不完全可分性是区际贸易的另一个原因。在一个公司内部使用大量的投入品进行生产是有许多优势的。大范围生产的这些优势无疑和要素质量有联系。鉴于要素质量受到区际商品贸易的影响，区际商品交换将会增强或削弱大范围生产的优势。公司最适宜的规模有可能发生改变。通过进一步的专业化，区际贸易可能会增大公司最佳规模。在专业化大范围生产中的经验将会带来更新且利润更高的技术，而这种技术依赖于不断增强的专业化水平。换句话说，高科技劳动力受制于只有大型公司才能达到的生产要素的最佳组合。如果事实真是这样的话，那就意味着区际贸易会导致生产要素可分割性的下降。也就是说，有限的分割性既是贸易的原因，而且从某种程度上也是贸易的后果。

上述理论修正或者说补充了第一部分关于区际贸易理论的原因及影响的结论。我们可以简单总结为：在给定生产要素供给条件下，区际贸易使要素价格均等化。因此，在既定的有限流动性和可分性下，自由贸易下的生产要素要比没有贸易下得到更高效的利用。另一方面，区际贸易也影响着生产要素供给：它常常表现为维持和增加要素地理分布的不均等并改变其特征。

考虑到区际贸易能够带来的生产要素使用方面的更高效率的同时，我们必须注意到区际贸易本身又将会影响要素的数量和质量。如果世界不存在自由贸易的话，也就是说世界是由一些自给自足的区域所组成的话，要想描述世界的模样几乎是不可能的。然而可以确定的是，生产要素供给将不同于现在的模式。因此，关于区际贸易所得的每一个观点都受制于严格的限制条件。它基于一个一般性抽象假设，即贸易将不会影响生产要素供给。因此没有必要详细讨论贸易所得的规模及其在各个贸易地区之间的分配问题——这一问题却在古典理论中受到广泛关注。

本章的讨论表明，对区际贸易的原因及后果构成影响的所有分析之间的边界是非常细微的。很显然，几乎没有任何一种分析可以从总体上说明其间接影响，因而研究被局限在相对直接的影响下。在接下来的针对价格变化的分析中也一样。尽管我们忽视了间接影响，只要我们将时间维度限制在一个相对较短的期间内，我们对直接影响的分析结果就是相当之好。这是由于间接效应可以在长期中得到体现并随时间而不断成为主导力量。在初期，相对于即时影响，间接效应不是特别显著。我们无法评估一百年前需求的变化对当下而言所具有的影响，尽管它们可能非常重要。然而，就关键性变动发生之后的较短时间范围内来说，作为一个规则我们基本可以认为直接影响是主导着间接影响。因此在这样一个短时期内，我们通常可以得到相当准确的结论。

第十二章　需求的变化

为进一步阐明国际贸易理论，我们将要描述不同情况下的价格运作机制。我们已经讨论过由于资本流入导致的价格变化，其他类型的变化可以分为以下三种：(1)需求的变化——比如由于人们的品位和时尚观念的改变所引起的需求变化；(2)供给的改变——比如由于人口增长、创新、新型技术的产生等引起的供给的变化；(3)贸易壁垒的改变——比如交通运输的改善。在上个世纪运输成本被大大降低。与此相类似的还有在人为贸易壁垒上出现的变化，诸如关税。值得注意的是，贸易地区货币政策的变化不能被看作是单一类型的变化。因为它虽然会影响贸易，但它只不过是通过以上提到的四种类型的变化间接地影响贸易。计价单位本身不会影响贸易的实际状况，它只影响反映实际状况的名义数值。然而，货币几乎总是随着双方供求状况和资本流动的变化而变化。

在这一章，我们将探讨有关需求变化的一些情况。第六章曾有过基于要素供给不变假设下的类似讨论。而现在我们必须考虑需求变化期间供给方面可能发生的一些变化。

国外对A地区货物的需求增长

当对A地区某一特定出口商品的需求上升同时这种需求变化就全球数量而言又较小的时候，商品相对价格将会发生变化。基于第六章的讨论，这种变化可以概括为：出口商品的价格上涨而区内和准区际商品的价格涨幅较小。因为价格是由世界市场决定的，其他出口商品的价格没有显著变化。这个结论同样适用于进口价格。商品相对价格的这种变化意味着生产要素相对稀缺性的相应变化：不同商品生产时所使用的要素比例是不同的。第六章的讨论仅仅到此为止，本章接下来要考虑的问题是：生产要素供给如何对这些价格变化做出反应。

出口商品生产过程中所使用的生产要素往往会涨价。任何给定质量的劳动要素，如一般体力劳动，在出口部门所获得的报酬要高于其他部门相同质量的劳动要素。因此，工人将从其他行业转到出口部门，从而促使工资趋于均衡。

对各类生产要素带来的不同影响会形成不同的价格变化。在受影响的出口行业中有时会大量使用某些要素，而这些要素会因此变得比以前相对稀缺。其他行业在规模上的相对缩减所释放的此类要素数量过少，而所释放的其他要素数量过大。即使行业间具有完全流动性，但是非同质劳动力的相对稀缺性也会因此发生变化。然而，这里也存在着一种反作用力。部分劳动力群体所具有的更高薪酬会刺激员工流向这些劳动力群体。如果工资水平的差异持续存在，那么劳动力就可能发生更大规模转移。但是，由于劳动力在群体间的转移也意味着劳动力在质量上有所变化，因此劳动力在群体间的转移通常会比在行业间的转移更加困难。大量的员工从半熟练群体转为熟练群体需要多年时间。尽管一些人一如既往在边界徘徊，并且可以轻易地从一个劳动群体转移到另一个劳动群体，但是这只会给每个群体内部的劳动力供给带来一个非显著性的改变，因而只会给初始岗位工资水准的偏差带来一个比较轻微的抵消趋势。

如果对于某些特定商品的需求增长持续大约十年左右，那么在变化发生后的最初两年的时间里，我们将预期得到以下几种情况：

1. 热门行业的员工比其他行业的同类员工拥有更高的工资水平。因此，其他行业的劳动力就会流向热门行业，从而降低了不同行业间的工资差异。

2. 与其他类型的劳动力相比，热门行业密集使用的劳动力相较之前具有更高的薪酬，因而员工也有从某个劳动群体转移至另这个劳动群体的趋势。然而，尽管对薪酬差异化存在着这种抵消趋势，薪酬水平依然会产生变化。

3. 第三种调节是通过区域间的人员流动。当某一特定劳动群体的工人在受到影响的区域所获得的工资明显更高时，就会有大量该劳动群体的工人从其他区域流向该区域，这意味着区域间工资水平会出现均衡趋势。

以上便是与劳动力供给及其调节有关的内容。当然，资本要想流向 A 地区的热门行业也存在着一些障碍。这些障碍是由于大多数资本都差不多是以固定资产的形式存在的，如机器、建筑物等。要想释放这些资本，让其从某一种用途转换成另外一种用途通常需要很长的时间。要想使劳动力与资本分别在各种用途之间相互转化也存在着类似的困难。资本在区域间的流动也与劳动力在区域间的转移相类似。当 A 地区的利率相对高于其他地区，就会导致资本在区域间发生流动。举例来说，假如热门行业使用大量的资本和某种特定的高学历劳动力，但使用很少的土地和手工劳动。此时，利率就会升高，资本最终可能会开始从其他区域流入。①

总的来说，我们发现生产要素的相对稀缺性与第六章中所述的逻辑几乎一致。同时我们也发现生产要素的供给也会通过多种方式进行自我调节以达到新的状态。薪酬模式与其原有结构的偏差通过供给的变化被控制在一个狭窄的范围内。如果没有此类调节机制，这种偏差可能会高得多。

多年以后，我们应该期待行业间、员工群体间以及区域间的生产要素的流动性将有所提升，并且生产要素的供给也能更具有可调节性。这对于劳动力在群体之间的流动性来说将会是正确的，因为新的就业者和年轻的员工将会被吸引到一直以来都受益的职位上来。另一方面，需求的改变仍将持续。这两种趋势哪种更强则取决于每种情形中的特定条件。在一开始，供给的调节能力一定会很小以至于薪酬水平会不断偏离原来的模式。到后来，供给的调节可能会不断变大以至于薪酬水平甚至会调整至其原先的水

① 然而，利率的增长到底是否会使储蓄增加或者减少，以及是否继而会使资本供给增加或者减少，看起来还是个未知数。

平。另一方面，在需求持续变化的影响下，薪酬水平也很有可能与其原有模式偏离得越来越远。

与此相类似，在随后的几年内，要素以及商品的相对价格也可能向其中任一个方向变化。然而，生产要素貌似越来越有可能更加彻底地调整至新的状况。因而，除非需求发生更大强度的转变，否则薪酬水平不会继续偏离其初始状态。

当我们进一步远离需求发生变化的初始时期，新冲击的数量及其重要性都应该不断增加。商品及要素相对价格的实际结构也越来越受到与需求变化无关的其他情形的影响。因此，要想确定需求变化的影响也越来越难。

当需求停止变化时，在不受外界影响的情况下，我们预期薪酬结构将回到其初始水平。然而，我们无法期望它能精确地回到这个模式。即使在很长的一段时间以后，我们也不能预期生产要素的供给能彻底地自我调节至新的需求条件。

现在我们撇开商品相对价格和生产要素相对价格的问题。这些价格的变化对进口与出口的影响与资本流入的影响相类似，因而不需要对这个问题单独加以讨论。[①] 与更受偏好的出口商品价值的增加相对应的是其他商品出口的减少和进口的增加、贸易平衡的复归以及国际收支的平衡。[②]

此种情形有别于资本输入的情形，因为 A 地区出口商品的价格相对于其他商品有所增长将使 A 地区的贸易条件获得改善。

① 该问题已经在第六章中得到阐述。

② 在战争开始前，银行会通过各种信贷交易将汇率的波动保持在比黄金输送点更狭窄的范围内。

当我们谈及 A 地区“其他”出口商品与其进口商品的贸易条件时，这时的论述与资本输入时的贸易条件的论述是一样的。此时的贸易条件可能会变得有利于 A 地区，但这种对 A 地区而言有益的发展并不一定会发生。人们也应注意到，此时的情形与资本输入时的情形之间存在着另一个差异：在这个情形中，除了在过渡时期之外贸易差额都保持均衡且不产生贸易顺差。商品贸易及价格得以实现调整的货币机制从总体上来说与资本输入情形下的货币机制相同。我们应该对其进行简要的说明。正如在资本流动情形中的那样，我们必须考察不同类型的货币组织机制。

我们从一个金本位制也就是固定汇率的特殊情形开始。对这个情形的分析不仅对（实行金本位制的）不同国家之间的贸易有效，而且也同样适用于同一个国家中不同地区之间的贸易。对 A 地区一些出口货物的需求有所增长，这就会导致该区域内的外汇过剩。汇率就会趋于下跌，但是会保持在黄金输送点的限制区域范围内。A 区域的银行购入外汇。也就是说，这些银行会增加它们的外币准备金并通过创造 A 区域内新的购买力的形式（可能是通过增加银行存款，或者是通过发行新钞）补偿外币持有者，从而增加 A 区域内总的购买力：正如资本输入地区所经历的那样。与此同时，A 区域的外汇供给增加，这也意味着临时性资本输出。在贸易差额的贷方初始增加及借方随后发生增加之间的这段时间里，外汇供给的增加显得十分必要。后者必须采取增加进口减少出口的形式，但是这不会立马见效。

由于总购买力的增加，国内商品价格和准区域商品的价格同样随之增加。另一方面，进出口货物的价格是由国际市场的实际状况决定的，并不明显地受到 A 区域国内市场的影响。然而，需求的增长会导致 A 区域内热门出口货物在国际市场上的价格有所上涨，从而 A 区域内的该货物价格也随之上涨。我们不能笼统地说这一上涨比国内货物价格上涨得多还是少。不管怎么说，价格水平绝对会有所上涨。

如果 A 区域与其他区域有同样的货币机制（也就是说该区域只是某个实行金本位制国家的一部分），那么其购买力的增长及临时性资本输出的增长会以类似的方式发生。A 区域内某些出口商品的需求增长也会以类似的方式发生，而这也会直接导致银行票据的流入以及银行存款的扩张从而增强其总购买力。这种需求的增加对商品价格及国际收支的影响与上述情形是相同的。

再来简单地谈谈纸币本位制及浮动汇率的货币机制。人们对某种货物需求的增加所带来的这种货物出口量的增加会导致外汇供给的增加。外汇供给的增加会降低汇率。这会促使人们对外汇的投机性购买——也就是临时性资本输出。除此之外，出口将受到抑制而进口会受到刺激。另外，商品的相对价格也会受到影响。生产与需求的模式也因此间接地受到影响，就如第六章与第十一章更为详细的讨论中所提到的那样。贸易平衡关系也由此得以恢复。

商品价格的相对和绝对变化与资本流入这一情形相同，唯一的差别就是热门的出口货物的价格上涨。其他区际商品的价格随着汇率的变化而变化，准区际货物的价格会以更小的程度受到汇率降低的影响，而国内商品价格所受影响更小。因此，除非发生信贷膨胀，否则价格水平就会下降。这自然也取决于信贷政策。如果随后应该发生通货膨胀，那么价格和汇率就一定会相应地上升。然而，多种商品类型之间的关系及其与汇率的关系在任何情况下都将会保持不变。相对于汇率水平，物价将会不可避免地上升。从这个意义上来说，货币制度是施行金本位制还是浮动汇率制度都不会带来任何变化。

对“外国”商品的国内需求的增加

上述分析的是外国对 A 地区出口商品需求上升的情形。相反的情形——某一地区对外国商品的需求增加——也同样值得关注。事实上，这就是从另一个角度来看同一个问题，而且我们预期其对 B 地区的影响总体而言将会与对 A 地区的影响相反。与原有的假设一样，我们同样假定 B 地区相对于世界总体而言规模较小，这样我们就无须关注世界市场会由于 B 地区需求的变化而发生改变。B 地区的出口和进口价格可以假定为是固定不变的。

热门外国商品的进口总值的上升意味着对外国货币需求的增加。银行就会利用其国外资产来防止汇率的上升。通过这一短期的资本流入[①]，国际收支得以保持均衡。与此前的分析一样，这一调整过程通过总购买力的调整而实现——在本例中则是总购买力的下降。银行所供应的用于偿付贸易逆差部分的外汇是以收回本国货币从而减少本国购买力为代价的。纸币将会流出，银行存款

---

① 在此前的情形中，信贷交易包括短期资本*流出*。

会减少。所以，如果信贷政策保持不变[①]，那么总购买力就会下降。由于比原来更高的总收入水平现如今被用于购买更为偏好的进口商品，那么用于购买其他商品的金钱数量的减少就会以两种方式来体现。首先是对国内商品和准区际商品需求的减少，同时减少的还有对其他进口商品的需求。其他进口商品的进口量减少的同时出口将增加，因为此时出口行业的产出中可以用于出口的份额更高了。此外，商品相对价格发生了变化。国内商品价格下降，同时下降的还有准区际商品的相对价格——尽管是以一个不那么高的幅度。上述行业都变得不再有利可图了，出口因出口行业的扩张而增长。这样一来，贸易平衡关系再一次得以恢复。此时，国际收支处于均衡状态且不存在新的短期资本输入。至于价格水平，很显然将会是下降的。贸易条件将保持不变，除非世界市场受到 B 地区需求变动的影响。

纸币本位制下的情形并不需要任何特别的分析。上述分析已经充分强调了货币机制在这一情形中的特征。

上述两种情形的综合考虑

如果需求的变化程度较高，即该地区是一个具有较大影响的地区，那么我们就无法像上述分析那样忽视其对世界市场的影响。假设世界由两个区域构成：区域 A 和区域 B。如果区域 B 对区域

① 在当前情形下，很有可能是折现率会上升；而这将会导致更快地限制信贷数量。

A 部分商品的需求上升了,其影响是怎样的呢?就整体而言,这一问题可以参考上述两个情形。区域 A 的价格水平会上升,区域 B 的价格水平会下降,尤其是对国内商品而言。区别之处在于在这种情形下,区域 B 必须预期需求有所增加的区域 A 的出口商品价格会上升,因为相对于生产这一商品的区域 A 而言,区域 B 不再是一个小地区。此外,A 地区更高的生产成本将会导致该地区其他出口商品价格也上升,因为 A 地区的供给占了该商品全球供给的绝大多数份额。与此类似,B 地区生产成本的下降也将会带来该地区出口商品价格的减少。因此,贸易条件将会变得对区域 A 更有利。①我们可以将上述想法简要地表达为:相对于区域 A 对区域 B 的生产要素的需求而言,后者对前者的生产要素的需求将会增加。因此,区域 A 的要素相对稀缺性将会上升,而区域 B 则会下降。

如果不存在运输成本,那么情况就会非常类似。然而,这样一来,所有的商品都是可贸易商品,因此并不存在本地商品价格。区域 A 的物价将不会高于区域 B 的物价水平②,因为区际商品价格在两个地区必然是一样的。

以上这些就是与需求变化相关的趋势。如果有人渴望得到这些影响的真实描述,他就必须及时分析不同节点的实际情况,就如

① 如果对地区 A 的部分商品的需求是具有高度弹性并因而对于价格的上升有剧烈的反应,那么此类商品的产量和出口数量都将会减少,而区域 B 的产量和出口将会增加,尤其是对于那些 A 地区自身对其需求弹性也较大的商品。取决于这些商品的需求弹性的不同程度,会有很多种可能性。

② 除了 A 和 B 两个地区对于价格指数的不同权重所带来的影响之外。不同的权重体系可能说明有些商品在两个地区有着不同的重要性。

我们最初所分析的那个情形一样。在需求迅速增加的时段内——尤其是当该需求的增加不断加快时，尽管存在着种种力量会抵消这些影响，以上所提到的这些影响将得到强化。另一方面，当处于需求缓慢增长的末期，这些抵消力量就将起支配作用并（在不考虑外力影响的情况下）导致相对价格向其原有的水平移动。然而，即使没有进一步的改变，我们也不能真正假设生产要素的供给能根据需求的变化进行彻底地自我调节，从而使生产要素价格及商品价格都恢复到它们之前的水平。收益规模也将会依旧偏离于这一水平。当 A 区域内的生产要素与商品价格相对于 B 区域而言上升时，结果也将会是如此。需求的变化需要在这个关系中找到一个新的位置，而这个位置也将会通过价格机制的不断调整出现持续不断的变化。

第十三章　商品供给的变化

要素供给的变化

价格变化的另一种类型是与商品供给的变化有关。就后者而言，究其原因最重要的是生产要素供给的变化①。这种变化通常会引起生产的再分配和价格的重构，从而导致区际商品贸易的变化。

假设 *A* 地区探明了大量的铜储量进而铜的产出随之增加。如果 *A* 地区面积及其铜产量都很小，我们就可以假设 *A* 地区铜供给的增加并不会导致全球市场铜价格的急剧下滑，尽管新增的铜产量将会对 *A* 地区的经济活动造成显著影响。劳动力和资本将转移到铜矿，出口将增加，出口顺差也随之扩大。这种情况使我们联想到前一章讨论的对 *A* 地区商品的国外需求的增加。如果施行的是金本位制，那些并非马上就需要的外汇将可能会以近乎平价的价格被购买。国外资产因此而增加，意味着资本可能是暂

---

① 此类变化的例子包括人口的增加、储蓄的增加、新型自然资源的发现以及工作时间的减少。

时性的输出。作为对外币的偿付，这些铜生产商要么是已经在其国内银行账户上增加了贷方余额，要么就是收到了新的纸币。随之而来的则是总购买力的增加。通过其对商品相对价格的影响，会导致出口的减少和进口的增加，并恢复贸易平衡。这时，进一步的信贷流出是不必要的。事实上，如果采取措施促使出口的资金回流，甚至会有暂时的进口盈余。因此，当外汇储备已降至合适的水平，进口和出口将会达到平衡。此时相对于其他地区，A 国价格水平将相对高于原有的水平，因为 A 地区国内商品价格相对于其他地区的价格水平而言已经有所增加。

商品供应的这种变化往往导致世界市场价格的变化。美国19世纪末铜的发现给世界铜产量带来了可观的增长并导致铜的价格大幅下降。如果供给量增长迅速的商品其需求是高度富有弹性的话，那么价格就会大幅下降以至于全球总产值将会因此而减少。然而，只有在特殊情况下，那些产量最初出现增长的地区的产值才会下降。这种情况只会发生在当它的总产量的主要份额都用于供给世界，或者其他地区也出现产量的显著增加时。当产量的增加仅限于某一个特定区域且该区域的供给能力并不构成满足世界总需求的支配地位时，即使需求富有弹性以及该产品的全球产值因此而下降，该地区的产值以及出口仍将出现增长。需求弹性越小，产值和出口的增长就越多。我们最初的假设是价格没有下降，也就是说，需求是完全无弹性的。如果这种完全无弹性的情形不成立，上述结论显然就要得到修正，尽管并没有发生本质性的改变。

新矿产的发现意味着被统称为“土地”的生产要素供给增加

了。结果则是其他生产要素相对稀缺性的提升，不仅仅是劳动力和资本可能还有其他自然资源，诸如农业用地、瀑布等。这种要素相对稀缺性的变化会改变区际劳动力分工和贸易的状况。那些铜产区将会比此前出口更多的铜和更少的其他商品。例如，如果铜工业要求大量的水力发电，那么电价的提高会使得其他高度依赖低廉能源的产业处于一个不利的境地，甚至这些产业可能因而无法继续出口。这一出口的下降仅仅是部分补偿了铜出口的增加，贸易平衡的实现要求各类商品进口数量出现增长，而后者又是总购买力增加和商品相对价格发生变化的结果。

正如眼下的这个例子，当一个出口产业的产量增加，区际贸易就会有明显的增长。但如果新矿藏的探明只引起进口替代，那么区际贸易则会下降。也就是说，在这种情况下，矿藏的探明使得一个地区的生产要素供给与其他地区的要素供给更加一致。而在前一种情况下，生产要素的区际分布不均衡有所加剧，并为贸易的增长创造了条件。一国稀缺要素供给的增加将会改善进口商品和准地区商品（quasi-regional goods）的生产能力，并因而减少商品贸易。另一方面，如果一国充裕要素的供应量增加，该要素的稀缺性将会进一步降低，出口行业会受到刺激，因为出口商品消耗相对较大的正是这些充裕要素。

从第七章内容中我们可以清晰地知道，要想对诸如此类的情形开展透彻的分析必须在不同时间点对情况进行不同的描述。当铜工业刚开始扩张时与几年后整个经济都或多或少地适应了新情况以后，这两个时点上的影响是不同的，尤其是针对生产要素的供给来说。这样一个完整的描述最好结合一个具体的例子来呈现。

就当前的目的而言——简要地说明引起价格机制变化的本质，上面的论述就应该足够了。

技术变化

另一种商品供应的变化是源自技术的变化。尤其常见的是年复一年的气候变化，这种变化偶尔也会引起产量的显著变化。如果一个地区的收成不好，其结果不是增加进口就是减少出口，因此不利于贸易平衡。要保持收支平衡就需要进行区际借贷。作为对获得的外国货币（通常情况下是由该国的粮食出口者提供的）的替代，此时该国不得不减少外币储备、获得国外贷款等。如果该区域实行的是金本位制并且有良好的信誉，那么就很容易获得此类信贷。即使是外汇汇率的小幅度上升也会引发货币投机和其他信贷业务的发生。也许贴现率将会上升以进一步刺激此类信贷的流动。这样一来，国际收支平衡将会得以维持。如果下一年的收成又复归正常水平的话，就不再需要进一步的支持。因此，这种暂时性的变化并不会导致商品相对价格的变动。其结果仅仅是对外国债务关系的恶化，除非采取特别措施，如为实现出口盈余以平衡第一年度的贸易收支逆差而实施一项长期的限制性信贷政策。

如果该地区没有良好的信用状况，那么就有必要出口黄金以实现收支平衡。因此贴现率可能会升高——后者总是会引起信贷流入并同时压低价格，从而提高该地区相对于其他地区的竞争力。

信用机制的运作在同一货币体系的各地区之间是最有效的。

就整体而言，这个过程与固定汇率的地区之间的机制是相同的。

如果粮食产区实行的是纸币本位制，那么在不引起汇率发生明显变动的情况下将无法预测其将发生何种程度的信用交易以维持国际收支平衡。如果汇率已经上升，那么将很难引发短期资本流向该地区，因为这种流动的一个条件是保证币值会上升或者至少是保持不变。在那种情况下，对外汇的需求会超过供给，迫使汇率上升。当汇率更高时，各种信贷的流入将会带来临时均衡，尤其是因预期汇率的下跌而延期的海外支付。相对于国内价格而言的汇率上升将不利于进口，却有利于出口。汇率保持在高于此前的价格所确定的程度以上的时间越长，其对进口和出口的上述影响也就会越强烈。起初，收支平衡是通过“被动地”信贷流动来实现的。而主要的调整则是通过汇率变动所带来的商品贸易的短暂变化来实现的。[①] 当粮食出口的减少因此被抵消时，汇率和商品交易将会回到原来的状态。然而，实现上述结果的一个条件是实施限制性的信贷政策以使价格水平不会持续高于原先的水平。另一方面，如果存在信用膨胀且物价水平上涨几乎和汇率成比例，那么汇率并不必然会返回到原有的水平。度量的货币单位发生了变化，以至于商品价格以及汇率都要使用比原先更高的数值来表示。[②]很多施行纸币本位制的国家的经验都表明：信贷政策通常并

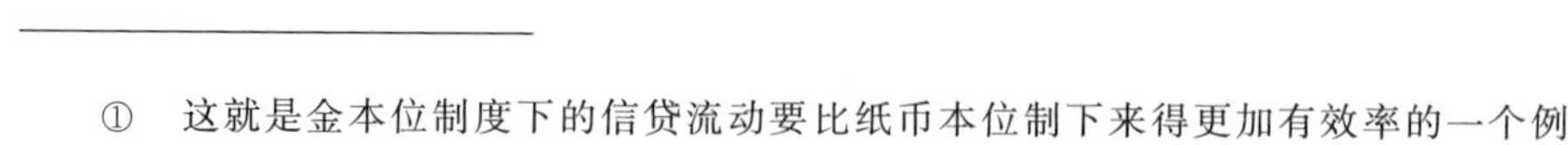

① 这就是金本位制度下的信贷流动要比纸币本位制下来得更加有效率的一个例子。

② 即使不存在度量单位的变化，生产条件也会受到影响。这种情况下，新的汇率水平和商品贸易水平要区别于这一扰动发生之前。对于相对短期范围内的变化，诸如当前所分析的情形那样，我们可以忽略这一可能性。

不足以有效地防止此类通货膨胀。

另一种类型的技术变革是发明和组织改进。由于部分地区生产商品的潜力发生了变化，区际商品贸易将会发生变化。沿着上一个情形的分析思路来考察这种类型的影响是不存在问题的。但是，特别值得注意的是，此时的价格水平变化取决于哪些行业受技术变化的影响。石制房屋建筑方法的改进降低了住房价格，却没有直接影响进出口商品的价格。而在那些使用木材建筑房屋的地区，房价并没有变得便宜，那么用石材建造房屋的地区的价格就会相对其他地区有所降低。然而，这种商品相对价格的变化将明显影响对其他商品的需求，同时，生产要素相对稀缺性也会发生变动，甚至区际商品也会受到技术进步的影响。但是不论此类间接影响朝哪一个方向发生——我们可以想象各种可能性，相对于区际商品而言国内商品价格依旧会有所下降，而且相对于其他地区的价格水平而言，那些以石制房屋为特征的地区的价格水平也会因而*下降*。

如果技术变化提高的是某一特定地区出口行业的生产率并因而增加其出口能力[①]，又或者是准区域产品的生产率，从而减少对进口商品的需求，那么我们将会得到相反的效果。不管哪种情况都会给贸易和国际收支平衡带来积极影响。本章所分析的影响类似于由于其他地区对某些特定出口商品的需求增加而产生的作用（见第十二章）。总购买力将会上升，生产要素价格也将提升，正如

① 我们假设对于所涉及的商品集合而言，世界市场价格不会发生明显的下降，因为技术变化是针对某一个特定地区的。例如，可以假设该地区有着大量的此前并不值钱的铁矿石。而且由于这一技术发明，这些矿石可以得到有利的开发利用。

那些此前无法更高效地生产或者是那些从其他地区进口的商品的价格将会上升一样。因此相对于其他地区而言，该地区的价格水平将会上升。[①]

19世纪90年代的美国

美国在19世纪末的诸多事件提供了供给和需求变化的一个实例。在19世纪80年代，美国有着巨额的外债，尽管需要支付尚未偿还的贷款的利息，贸易却几乎处在一个平衡状态。1890年之后，由于英国出现金融危机，美国出现了资本流动的逆转。在此后的六年间，美国国内的外资急剧减少。同时，出口盈余有所增加。根据第九章的理论，与资本出口同方向变动的贸易盈余本应该与相对于国外而言本国价格水平的下降同时发生。正如图2所示，这一分析一定程度上是成立的。[②]

事情在1897年进入了一个新阶段。如下表所示，美国的出口盈余急剧上升[③]（单位：百万美元）：

① 当生产条件的改善发生在出口部门时，这就与生产要素供给增加带来的结果是一样的。参看上一章关于铜的发现相关的讨论内容。如果出于某种原因，国内产业的生产条件得到了改进，那么结果将会是价格水平的相对下降，正如技术进步的情形那样。

② 一个因素在于1896年的危机对美国的影响要大于欧洲。

③ 美国的数据源自：Bullock, Williams, Tucker, "The Balance of Trade of the United States", *Review of Economic Statistics*, July, 1919。参见 Taussing, *Selected Reading*, pp. 178 and 187。

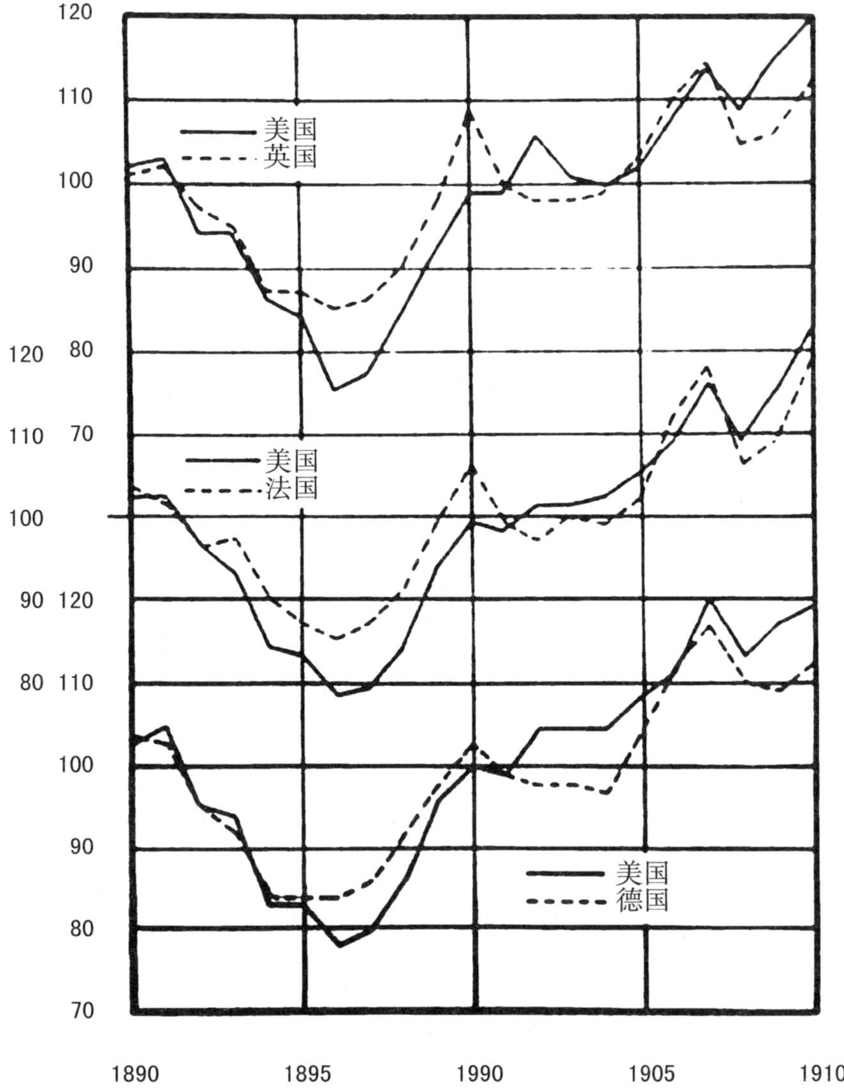

图 2　美国、英国、法国和德国的价格，1890—1910（基于 1890—1892 年数据，详见附录表 2）

1889	15	1894	274	1899	556
1890	82	1895	103	1900	566
1891	44	1896	135	1901	692
1892	216	1897	318	1902	500
1893	-1	1898	640	1903	415

然而，值得注意的特点并不是出口顺差的增长而是出口本身在19世纪90年代下半叶的急速增长（单位：百万美元）：

1895	855	1898	1287
1896	943	1899	1283
1897	1113	1900	1451

这表明供需条件的变化是促使出口和出口盈余增长的主要因素。这一观点又得到如下事实的确证：只有一部分的出口盈余被需要用来支付利息、海外旅游支出以及移民向其母国的侨汇。在19世纪90年代前五年的黄金出口之后则出现大量的黄金流入。

这与19世纪90年代初期（1890—1896）的情形正好相反。那时，由于物价水平低于国外的价格水平，资本输出引起了出口盈余。在接下来的几年里（1897—1899），出口顺差首先是源于美国工业的巨大进步，其次是源于1896—1897年海外其他国家的收成欠佳。通过本章和前一章的推理，我们可以预期相对于国外而言美国的价格水平将会上升。价格指数证实了这一推论①。

① 很不幸，这无法被认为是对该理论令人信服的论证，因为此时同样存在关税政策和其他就价格而言的关键变量。就这些问题的讨论，请参看下一章。

第十四章　区际贸易壁垒的变化

地区间价格差异无法克服商品在地区间流动所产生的成本这一壁垒，但如果同样的商品在其他地区生产，或许价格差异就可以克服低成本壁垒。显然，这些成本构成区际商品贸易的决定因素之一。此类贸易壁垒的变化会导致价格结构的变化，这种价格结构的变化应该被包括在我们前两章中分析过的价格结构的变化当中。

运输成本

假设 A 地区远离人口密集的大地区，因而就远离主要市场。其出口货物必须以其他地理位置更有利的地区生产的同类商品的相同价格出售，这意味着这种商品在 A 地区的价格等于世界市场价格减去运输成本。如果运输成本减少，就会导致 A 地区此类商品价格上升，除非世界市场价格受到显著影响。[①]在 A 地区的出口行业中使用的生产要素得到的回报比以前高；换句话说，工资和土地租金将会上升。对于 A 地使用相同要素的其他行业来说，该要素的回报也会上升。因此，国内商品的价格以及在一定程度上准

① 在两个地区之间新铺设的交通线路通常会降低两地之间的运输成本，却并不会改变其与其他地区之间的运输成本。

地区商品的价格也将会上升。另一方面,进口商品的价格下降,准地区商品的生产变得不再是有利可图的,并因而减少生产数量。正如区际商品贸易壁垒的降低所具有的影响那样,进出口都会因此而增加。

如果不同商品生产所使用的生产要素比例不同,那么其相对稀缺性也就发生了变化。对 A 地区充裕要素的需求会增加并将该要素用于该国出口行业。另一方面,那些现在可以通过进口而获益的商品的产量将会减少,同时对相对稀缺的生产要素的需求也会减少。商品交换的扩大引起了要素相对稀缺性的趋同性,也就是该地区的要素相对稀缺性更接近于其他地区。

如果运输成本对出口价格和进口价格而言同样重要,那么出口价格的上涨就会抵消进口价格的下降。因此区际商品价格水平将几乎保持不变。然而,由于国内物价上升以及准区域商品[①]的价格也有可能上升(虽然程度较小),A 地区的价格水平相对国际市场价格依然是升高了的。

如果运输成本的变化足以改变 A 地区出口商品的世界市场价格,那么其影响就会有些许不同。比如,假设该地区商品出口能够满足世界需求的主要部分。运输方式的改进意味着比以前更容易获取 A 地区的生产要素以满足其他地区的需求。例如,A 地区的土地可以比此前更加密集地用于谷物生产。A 地区的谷物价格上升,但其他地区却有所下降。同时,其他地区的出口商品在

① 无须特别说明的是,商品在四种类型之间的分布是会变化的。有些曾经的国内商品现在是准区域性商品,而其他商品必然会转化成出口群组。

A 地区价格变得更加便宜，但是却在其产地价格更贵。价格的总体水平是不确定的，因为这取决于信贷政策。

关于此类贸易壁垒的变化有一个例子，那就是在 19 世纪后半叶欧洲和美国之间的贸易。得益于交通运输的改善，人们可以更加容易地利用美国土地来满足欧洲人对小麦的需求。因此，在美国人们对土地的需求上升，土地租金也随之上升。需要注意的是，在当时还有由于通讯方式的改善带来的资本和劳动力的流入。因此这里有两个原因导致土地相对稀缺性的增加。第一是商品交易的扩张。第二是生产要素的区际流动。[①] 尽管在欧洲存在此类要素的流出，但是欧洲的劳动力和资本的供给却也急剧上升。由于要素稀缺性取决于生产要素的供给，因此，人们估计欧洲的地租也将会上升。然而，从美国进口的谷物恰恰导致了相反的变动，正如下表中所显示的瑞典、丹麦和英国[②]的土地价格（基期是 1876—1881）。

年份	瑞典	丹麦	英国[③]
1876—1878	103	102	106
1888—1890	86	88	83
1900—1902	99	81	73[④]
1912—1914	135	128	—

① 当然，同时还有美国人口的增长和储蓄的增加。

② Åmark，"Undersökning angäende jordegendomsvärdenas utveckling i Sverige och vissa främmande länder"（Investigation of the development of land prices in Sweden and selected foreign countries），*Statens Offentliga utredningar* 1923：45（Stockholm，1923），diagram II，p. 64. The data underlying the diagram have been generously provided by Dr. Åmark.

③ 来自土地租赁的费用。

④ 1897—1899 年。

这个表格强调了在 19 世纪下半叶，丹麦和英国的土地价值下跌非常明显。受到这一时期保护性关税政策的影响，瑞典早在 19 世纪 90 年代初期时就已经出现这一变化。

以上数据清楚地说明了第七章所分析的价格决定的关键因素的变化(在这里指的是交通运输)是如何先导致商品贸易的变化再引起生产要素的转移。因此有双重的力量导致要素价格达到均等化。

由于交通技术的改进而使一国与其他国家的关系更为广泛并扩大了商品贸易规模的另一个例子是日本。当日本向西方文明开放国门后，与其他国家的贸易关系也就变得比以前更加活跃。日本深刻地感受到欧洲对其产品(比如大米)的需求，这使得日本的国内价格同世界市场价格的差异减小了，也就是说，日本国内价格相对于世界市场价格而言上升了。与此同时，要素价格在日本也上升了，国内商品价格随之也上升了。进口商品的降价只能稍微抵消其他商品价格的上升，正如下表中日本和英国的批发价格所显示的。[①]

年份	日本	英国
1886	100	100
1890	107	104
1895	125	93
1900	157	109
1905	173	104
1909	154	107

① 该表的出处请参看附录表 4 和表 5。日本的保护性关税政策可能对日本价格水平的相对上升起到了一定作用。

如果运输成本的变化是*单边性质*的，那么价格水平之间的关系也将会发生变化。在本章一开始的例子中，如果假设出口商品比进口商品的重量更重且体积更大因此运输费用更高的话，那么，相对于进口品价格的下降而言，运输总成本的降低将对 *A* 地区出口商品价格的上升有着更大的影响。如果运输成本的降低是针对所有国家而言的话，那么 *A* 地区价格水平将会上升得更多。另一种单边性质的例子是只有部分运输成本降低的情形。进口商品此时可能要比出口商品受到更大程度的影响。特别有意思的单边性质的情形是当出口商品和进口商品的运输成本向相反方向变化之时当存在资本流入时就有可能产生此种情况。在世界市场价格不变的情况下，资本流入国的进口商品价格由于运费上涨而上升；同样出口价格（离岸价格/FOB）也会由于运费降低而上涨。因而，价格水平就会是相对上升的。我们无法考察当运输成本发生变化时其他单边情形下的价格水平之间关系的变化。

关　　税

区际贸易的人为壁垒中，各类关税以及进出口禁令发挥着最重要的作用，特别是进口关税在大多数国家都有重要作用。本章只对这种类型的关税及其对价格的影响做简要分析。

假设一个出口农产品并进口工业品的国家对其进口商品征收关税以实现更大程度上的自给自足。[①] 第一个影响是工业品进口

① 关税壁垒通常不存在，除非在那些被称为“国家”的地区之间。因此，对于此类特殊的商品交易壁垒而言，“地区”一词是不太现实的，故而应该用“国家”来替代。

数量的减少。同时,受到保护的行业的产出增长会带来原材料进口的增长。尽管如此,进口的总价值依然下降,而出口大致保持不变。这会产生外币的盈余,而这些外币将由银行或投机者消化,他们通过银行存款的增加或者新票据的发行来进行支付。总购买力将上升[①],而与此同时价格会上涨,主要体现在进口商品(在这个例子中也就是工业品)价格的上升。那些仍然需要进口的工业品价格将会上升,上升的幅度将与关税完全一致,而那些现在由国内生产的商品价格的增幅仅仅是关税税率的一部分,尽管通常会是很大一部分。由于制造业密集地使用资本、技术以及熟练劳动力,这些要素的收益往往会上升。虽然进口商品的价格会提高,但那些出口商品即农产品的价格却无法提高,即使它们的生产成本受到这些要素价格的影响而上升。它们会受到土地需求的减少及其价格下降带来的抵消作用。对于国内商品价格而言,它们当然取决于生产过程中所使用的要素的比例。那些与出口行业使用大致相同的要素数量和要素比例的国内行业,并不会出现更高的生产成本或者是更高的商品价格。如果小麦是一种出口商品,而黑麦的生产却只在国内市场销售,那么用于出口的小麦的产量就会降低且地租有所下降,因此黑麦的成本也不会上升,尽管其他组成部分的成本有所增加。如建筑业等其他国内产业可能使用与受保护的行业相同的生产要素相对比例,并因而出现与这些生产要素价格涨幅一致的成本的增加。这些商品的价格也会相应地上升。在

① 假设存在金本位制度。是否存在黄金的进口相对而言是不那么重要的。由于原有的信贷扩张,购买力的上升自然会发生。

这些极端情况之间存在这样一种情形，那就是有些国内行业同样会出现价格上升，但其上涨幅度却不如受保护行业大。[①] 总体而言，国内商品价格会向上移动。当然，同样的情况也适用于准地区商品的价格，因为现在来自国外的竞争变弱了。因此，相对其他国家的价格而言，该国总体价格有所上升。

在面临上述情形的关税变化时，收支平衡最初通过国际信贷交易得以维持。一般来说，关税的增加将会导致暂时性的出口顺差并因而带来资本输出——即外币供应的增加。然而，可以想象，在关税增加和新的关税制度实施前的短时间内，进口会增加以致远高于正常水平。在这种情形下，国际收支可能最初会恶化并带来暂时性的信贷流入。[②] 不论最初影响的方向如何，最终会实现贸易关系的平衡，此后就不需要信贷交易。受保护商品的进口仍然低于其原有的水平，这意味着尽管商品原材料的进口数量增加，但进口总值依然会减少。与此同时，因为生产要素从一些不再有利可图的出口行业（在本例中就是农业）转移到受保护的行业，出口数量将下降。与这种生产再分配相伴随的是需求的变化，这种变化与相对价格的变化带来的结果相类似。出口商品与那些没有因为关税而变得更高价的进口商品的相对价格会下降。因此，需

① 当然有可能部分国内产业要比受到保护的产业更加密集地使用更加昂贵的生产要素。因此，这些国内产业的价格要高于那些受到保护的行业。类似地，有可能其他国内商品价格将会下降，因为这些行业大量使用的是那些变得更加便宜的生产要素。

② 在这种情况下，购买力的增加是通过某种路径而不是上文所述的那样发生的。在关税升高前，进口短暂扩张的条件是存在国内信贷的扩张。银行将通过出售国外资产来降低其货币储备。对此情形无需开展详尽分析。核心之处在于固定汇率制度下，货币供给数量以及总购买力是可变的，并对交易需求的变化做出调整。

求日益转向出口商品,从而增加进口而减少出口,结果是贸易将恢复均衡,商品交易量将减少。

我们已经表明,关税会通过改变生产结构以及要素需求导致生产要素相对稀缺性发生变化。这种变化整体上是由最稀缺要素的相对价格的上升和最不稀缺要素价格的下降构成的。要素价格相对于其他地区的不均等性增加了。如同所有贸易壁垒一样,关税的主要作用在于抵消贸易所带来的区际要素稀缺性均等化的倾向。

但这只是故事的一部分。就算生产要素的需求受到上述方式的影响,但同时关税也影响要素供给。在以农业生产为主的国家中,对工业品征收的关税将增加对资本、熟练劳动力和技术人员的需求。另一方面,对非熟练劳动力的需求可能不会增加,而对土地的需求将下降。因此,一开始要素的相对稀缺性将会向有利于前一类要素的方向变化。此外,受保护的行业中的非技术工人一开始可能会比农业工人获得更高的工资。然而,很快就会发生劳动力从农业向工业的流动,不同类别劳动者之间的报酬差距将减小甚至趋于消失。同时,那些对其需求增加的要素的供给也会出现一个上升趋势。随着工业的发展和对熟练劳动力的需求增长,可获得职业培训的机会也随之增加。即使熟练工人最初会获得相对较高的工资,此类工人的供给也随着时间的推移而适时调整。因此,难以预测在长期内,关税是否会改变非熟练工人与熟练工人工资的比例。那些受教育程度最高的劳动者、技术人员和管理人员也存在类似的演变过程。最初这些群体比较稀缺,这使得接受必要的教育变得有利可图。而从长远来看,无法确定此类劳动力将

会比关税征收之前获得更高的回报。此类生产要素的供给将会增长，不仅通过国内的“生产”而且还通过从其他国家的流入。进口关税使其他国家的出口变得更加困难，因此一些大公司通常会在实施关税保护的国家设立子公司。其母国会向这些工厂所在的国家提供受过适当技术教育的劳动力。此类例子非常多，例如，瑞典火柴公司(Swedish Match Company)在许多实行贸易保护的国家都建立了分支机构，最近的一次是在印度。

工业品关税也增加了对资本的需求。只要海外公司在当地建立子公司，就产生了一些来自海外的资本流入。只要有使利率上升到高于外国水平的足够强烈的趋势，资本便会以多种形式流入。关税对国内储蓄所造成的影响对资本供给而言也很重要。储蓄或许会受到利率上升的影响。然而储蓄并不必然增加，因为在较高的利率水平上那些为度过晚年做准备的人们可以用更少的资本来获取保障。然而，其他个体的储蓄将会受到资本收益率上升的激励。而实际结果主要取决于国家的社会结构、民众的心理因素和其他变量。除了利率水平，储蓄还会受收入分配变化的影响。某些阶层的人把收入的更高比例用于储蓄；此类人群收入的减少所带来的储蓄的减少要多于其他群体收入的增加所带来的储蓄的增加。如果相对于工资和资本收益率而言地租下降，同时土地所有者减少其储蓄的数量超过工人和资本家增加其储蓄的数量，那么资本形成可能会受到不利影响。这并非是不可能发生的，至少在过渡期内可能发生。由于关税导致物价上涨，过去所积累的储蓄的名义价值可能是不变的——取决于储蓄的投资方式。但是其实际价值的降低将会影响当前的储蓄。

上述讨论充分说明了就关税对生产要素供给及其价格影响开展评估的困难所在。就本节所讨论的农业国征收工业产品关税的例子而言，我们认为：比起自由贸易时的情形，土地租金（即农业用地的价格）将长期保持相对其他要素较低的报酬。此外，利率将会在*起初的一些年份*里上升，且相对于非熟练工人，特别是农业工人而言，熟练工人的福利水平比以前更好。如果从更长的一段时期来说，我们可能就必须考虑关税对劳动力供给的整体影响，例如工业地区的人口出生率低于农村地区。

瑞典的关税保护

瑞典的关税制度是一种所谓的"一体化体系（solidarity system）"，试图既保护农业也保护工业。因为无法评估货币工资的上升幅度，我们无法判定某些行业在多大程度上受到了青睐而其他行业受到了伤害。一般意义上，我们可以说，那些受保护行业阻碍了出口产业的发展。部分生产要素的相对稀缺性很可能会受此影响。根据关税和贸易协定委员会的研究，[1]瑞典出口行业主要使用国内原材料，而进口原材料的很大比例用于受保护的行业。因此有可能在取消工业关税之后[2]，对瑞典国内原材料的需求将会比现有的需求更多，而某些自然资源，如矿山、森林等，将会出现相对较高的价格。就劳动和资本的相对稀缺性而言，值得注意的

① 《瑞典工业发展报告（1890—1910）》（*Översikstabeller över den svenska industrins utveckling 1890—1910*），国家公共调查局，1923 年，斯德哥尔摩，第 37 期，表 10。

② 另一方面，农业关税当然会提高农业用地的价值。

是,受保护的非出口行业所使用的资本要多于受保护的出口行业和不受保护的行业。这可能与瑞典的资本利率远高于许多大型工业国家有关,而这往往会降低资本密集型产业的竞争力并使这些行业依赖于关税保护。我们可以推断,关税保护的移除带来的影响首要的是受保护的非出口行业收益的萎缩和出口行业收益的增加。[①] 因此,相对于劳动力的需求而言,资本的需求将减少而资本的利息率将趋于下降。因此,我们可以得出结论,现有的关税保护或者至少是对工业的关税保护往往倾向于使利率保持在较高的水平。但是我们不能忽视关税对生产要素供给的影响。例如,关税毫无疑问将会导致国外子公司的建立以及随之带来的资本流入。

关税对物价水平影响的统计调查

不幸的是,不存在足够详细和广泛的价格指标能让我们考察关税对如下三方面的影响:第一,受保护商品的价格;第二,其他商品的价格;第三,生产要素的报酬。然而,瑞典、德国和英国的一系列价格清楚地表明关税会提高一般价格水平。[②]

图 3 将 1881 到 1912 的时间跨度分为四个时期,彼此的界限则是德国关税政策发生改变的日期。第一和第三个时期的特点是

① 这既包括纯粹出口的行业,也包括那些已经受到关税保护的行业。只要受到关税保护的出口行业对出口的商品收取低于内销商品的价格,这一结论就是难以保证的。不幸的是,我们很难获得关于企业定价政策的信息。

② 数据源自 Åmark《1860—1913 年瑞典的价格指数》, *Kommersiella Meddelanden*, 1921 年, 第 1266 页。参见本书附录表 3。

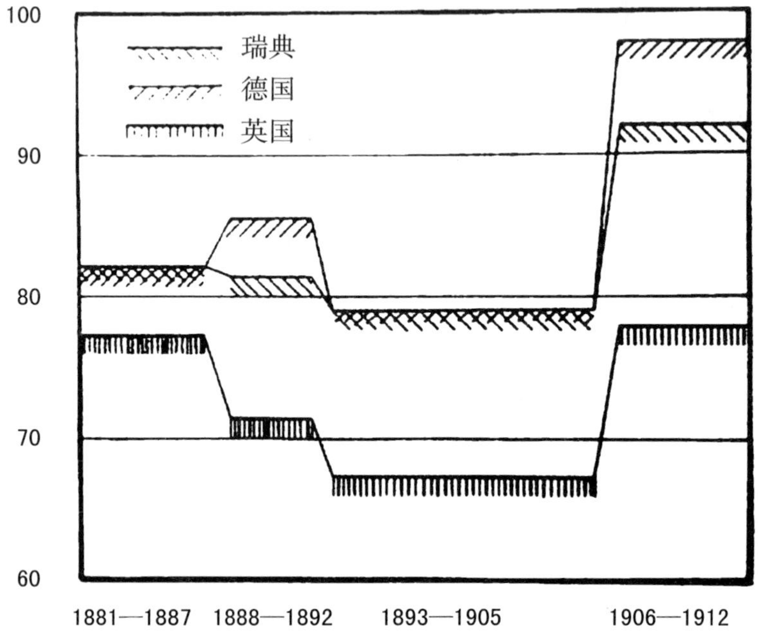

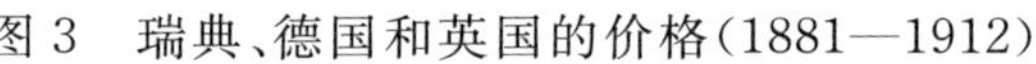

图 3　瑞典、德国和英国的价格(1881—1912)

适度的关税保护,第二和第四阶段则具有更加全面的关税保护。德国和瑞典价格水平的比较能够异常清晰地反映这一点,尽管瑞典的关税政策也经历了变化。另一方面,如果我们把英格兰——一个实行自由贸易的国家——与那些实行保护性关税的国家就价格变化进行比较的话,我们会发现前者价格水平出现了连续的下降。这种差异在 19 世纪 80 年代和 19 世纪 90 年代初迅速扩大。毫无疑问,即使有其他的因素,德国和瑞典的农业关税仍是造成这一现象的主要原因。由于价格指数的构建方式,几乎不可能观察到工业关税带来的影响。

就英国、法国、德国和美国而言,这些国家在 1890—1910 年的价格指数都包含了相同的商品构成，因此尤其适合进行比较。[①]这些指数只是稍微反映了这些国家关税政策的变化。最重要的变化发生在所谓的丁利关税(Dingley Tariff)时期，该法案于 1897 年在美国生效并带来高度的关税保护。而且在整个 19 世纪 90 年代几乎没有发生过显著的变化。1896—1899 年间，美国的曲线一定程度上也要比其他国家的更快速地上升。然而，美国价格水平的这一相对上升趋势一直保持到这一时期末，尽管一直到 1909 年关税保护都没有进一步增加。美国在 1890—1896 年间发生的价格的相对急剧下降也是非常惊人的，这一剧烈变化与关税政策没有关联。因此，很显然其他因素影响了价格水平之间的关系。在这种情况下，很难对关税的影响得出准确的结论。

① 参看图 2。

第十五章　价格水平的区际差异

上一章的分析表明，商品供给、商品需求以及区际商品贸易壁垒的变化会导致地区间相对价格的变化。国际资本流动的变化也会带来区际相对价格的变化。因此，我们可以将这四种因素包含在决定相对价格水平的基础框架中。事实上，上述因素是唯一的决定因素[①]，每一种变化的起因都可以归类到这四个类别之中。

这种总结方法具有许多的优势，尤其是其明晰性的优势。通常没有必要讨论影响价格机制的所有因素[②]。与此类似，比较恰当的做法是忽略多种单一商品的价格而直接关注由所有单一商品价格加总而得到的价格总水平——尽管这一做法不太完美。也就是说，不同地区价格水平变化之间的对比被设计用于呈现价格结构的多样性图景。事实上它并没有告诉我们这些变化得以发生的原因，也没有完全反映在指数数据中，因为即使价格水平没有变化而相对价格也有可能发生较大变化。但是如果价格水平在几个地区呈现不同变化，这就表明价格结构发生了根本性的变化。对这一问题的探索描述了由于生产要素和商品的有限流动性所造成的

① 通过汇率可以将价格水平以相同的货币单位来表示，这样就消除了货币单位变化的影响，因为货币单位的改变本身并不改变价格水平之间的关系。

② 例如不同的函数形式、每一地区的生产要素供给等。参看第三章。

价格差异的维度。因此这又揭示了商品交换和生产要素转移的价格均等化趋势是多么不完全。

多个地区之间的价格关联是不完善的。它首先包括商品在区域间流转的可能性,而且商品价格的差异受到流动性成本(主要是运输成本和关税)的约束。由于很多商品的价格差异比这些成本小得多,因此它们不进行区域间贸易而是在特定地区内组织生产。这样看来,只要价格差异保持在流动性成本所设定的限制范围内,某一区域内商品价格的变动可能完全独立于另一区域的价格变化。然而,事实并非如此,因为除了商品贸易之外,一个地区内的价格结构还通过别的方式与其他地区的价格相关联。生产要素区际流动的可能性使得要素价格的巨大差异变得不可能出现,并因此间接导致商品价格趋于均等。例如,假设 *A* 地区某种商品的价格由于需求的增加而上升,但是还不足以高到令该地区从其他地区进口该商品的程度。该商品生产所需生产要素变得比原先更加稀缺,那么这些要素的价格就可能会比邻近地区高出许多。这就会导致这些要素流入 *A* 地区,并因而降低该要素以及该商品在 *A* 地区的价格。因此,相比较于要素无法自由流动的情形,这种情形下的商品的价格将不会比其他地区高出太多。

更重要的是无法运输的各类商品的价格在各地区之间的间接联系——这种关联性并不是通过*此类商品*或是生产要素的流动性而是通过*其他商品*的贸易。商品价格在不同地区之间差异的上升趋势意味着要素价格的差异也将趋于上升。这使得增加其他商品的贸易变得有利可图,因为可以将生产要素以及商品的价格水平限制在比此类商品本身的区际贸易所导致的价格水平更窄的范围内。举例来说,即使 A 地区牛奶价格明显上涨并且高于 B 地区的价格,A 地区可能还是无法从其他地区进口牛奶。然而,牛奶价格的增加会增加黄油的价格[①],而黄油却可以很容易地从 B 地区进口。结果,A 地区的黄油消费中只有一部分是由国内生产提供的,其余则依靠进口。相反,A 地区的牛奶产量会增加,导致价格下降。易于运输的黄油贸易因此会令不那么易于运输的牛奶价格趋于均等化。一些商品的贸易可以构成对那些由于高运输成本或关税而无法开展贸易的商品的一种替代,原因就在于生产要素可以被用于生产不同的商品。当商品价格变化的时候,那些难以在地区间开展贸易的商品的产量会发生变化,从而使其价格的波动不会超过其运输成本;而其他更易于流动的商品的贸易量则会出现增加或减少。

事实上,这还仅仅是此前多次指出的价格决定机制的所有因素之间关系的一种表达。具体请参看第三章。

尽管存在这些直接和间接的关联性,经验表明价格在不同地区之间会有明显的差异。一些国家可能会探明新的自然资源或由于新发明使得此类资源开发变成可能。而其他地方的价格又会受到资本流动的强烈影响。此外,由于流动性成本的变化,比如由于运输方式的改进对某些地区的经济发展产生了较其他国家更为显著的变化。许多国家,如德国、法国和美国都竖起了高关税壁垒以阻碍商品交易并抑制价格均等化趋势。总之,从图 4 和图 5 可以

① 因为一定程度上生产牛奶和黄油所使用的生产要素是一样的。牛奶构成黄油生产过程中的原料之一的事实因此不是重要的。

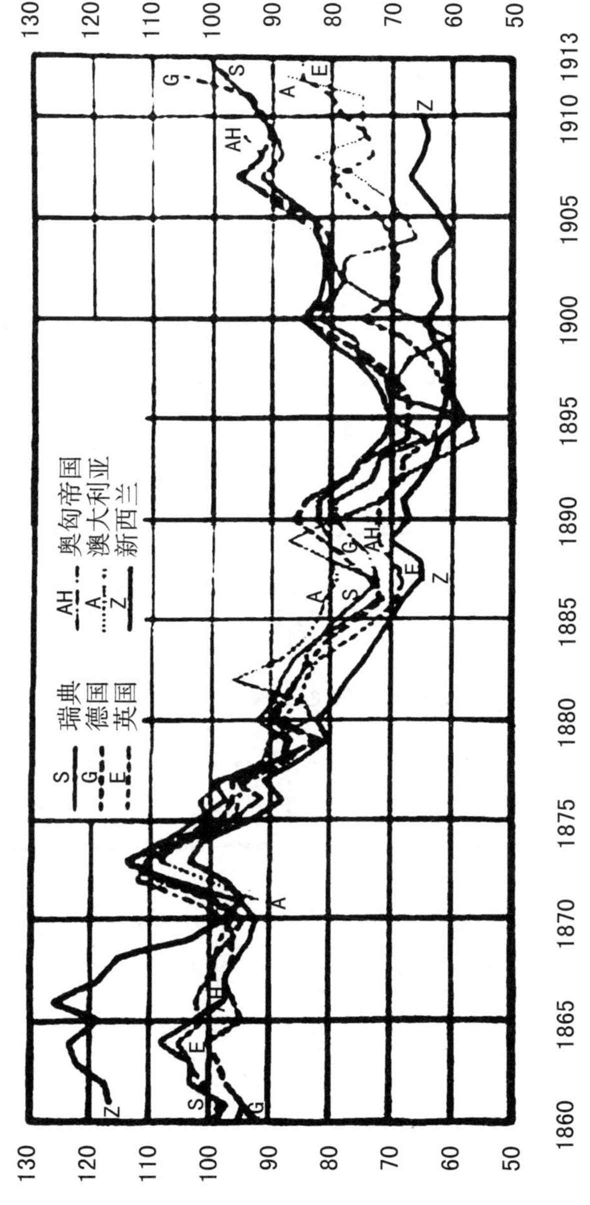

图4 1860—1913年瑞典及选定的其他国家的价格（基期：1867—1877）①

① 数据来源请参看附录表 4。

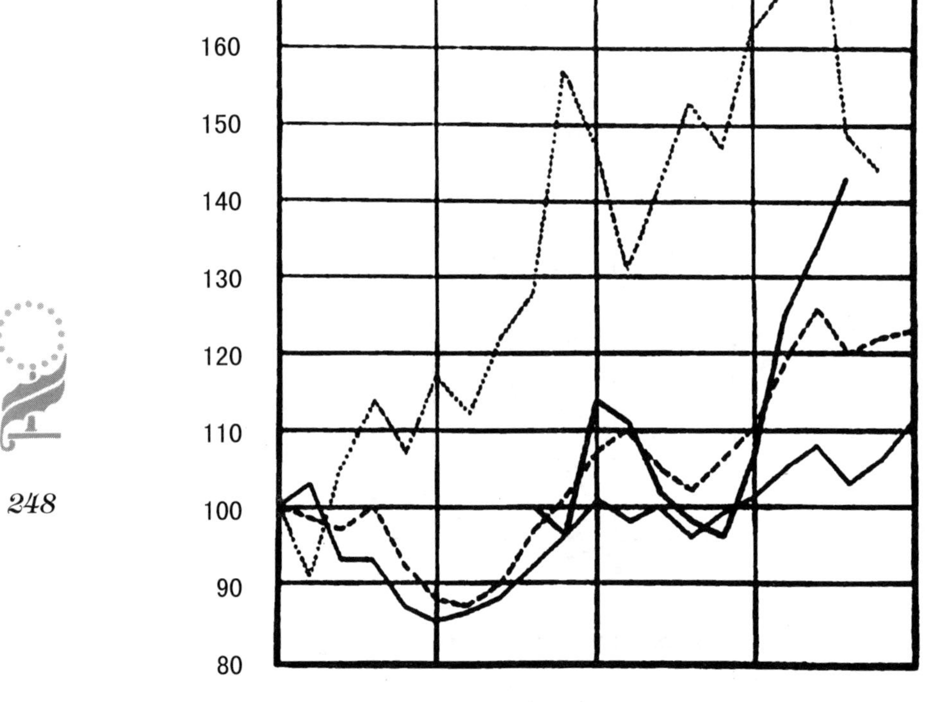

图 5　1890—1910 年部分国家的价格水平(以 1890 年为基年)①

明显看出,变化类型如此之多以至于价格水平表现出较大的差异也就不足为奇了。

① 数据来源请参看附录表 5。

对曲线的形状及其决定因素开展更加深入的分析就需要考察相关国家在相关期限内的总体经济表现。这已经超出了本论文的范围。这些图形只是为了揭示上述所讨论的不同区域之间的价格关系。通过下表可以看出，即使同属于一个国家，不同地区间也可能具有完全不同的趋势。在短短七年时间里，一国内部各地区物价水平的关系发生了很大的转变。

瑞典部分地区最主要食品以及房租的支出（所有地区的平均成本为 1000）[①]

地区	1912 年预计支出	1905—1912 年相对增长	地区	1912 年预计支出	1905—1912 年相对增长
斯德哥尔摩	1233	114	瑞典西部	963	114
瑞典北部	1048	112	瑞典南部	948	121
瑞典东部	1014	117	斯莫兰及其他岛屿	905	118

如同我们所预料的，价格的绝对差异无疑降低了，在价格最便宜地区的增加幅度大大超过了价格最昂贵的地区。与瑞典南部19.5%的增幅相比（包括斯莫兰和其他岛屿），瑞典北部的增长率为 12%，而斯德哥尔摩的增长率为 14%。这一价格均等化的主要原因可能是由于运输方式的改进使得该国不同地区之间经济联系更加紧密。

从表格中也可以看出绝对价格的不均等。不幸的是，我们无法获得关于其他国家的类似研究。但是，国家之间的差异很有可能要小于瑞典国内的差异。

值得注意的是，所有价格指数都是针对那些在此期间汇率几

---

① 数据来源于国家卫生和福利委员会（*Socialstyrelsen*）的出版物《瑞典的食物和住房价格（1910—1912）》，1914，第 39 页。食物支出是针对夫妻二人、两个小孩且年收入大约 2000 克朗的代表性家庭，且基于斯德哥尔摩家庭的消费。

乎固定不变的国家，它们中大多数都采用金本位制[①]。当汇率变化时，一般来说价格指数间的关系也随之变化。如果某一特定国家的外汇汇率是上一年度的两倍，那么在国外价格不变的情况下，该国价格水平也是上一年的两倍，当然这些都是在其他条件不变的条件下发生的。如果供需条件没有发生变化[②]，同时商品交换和资本流动也不存在壁垒，那么汇率一定会反映货币价值的变化。如果国外价格也发生变化，我们就必须将其一并考虑在内。汇率揭示了不同价格水平间的关系。然而，如果考察周期较长的话，人们将会发现在供需、商品交易壁垒以及资本流动壁垒等方面存在着诸多变化。因此，即使是金本位制度或其他类似制度使得汇率保持不变，相对价格水平还是会发生改变。资本输入时的价格变化便是一个例子。资本流入经常发生在通货膨胀时期。此时价格水平的上升幅度将会超过汇率。如果后者保持不变，价格水平也会有所上升，虽然只有小幅上升。

在对汇率变动的研究中卡塞尔提出了购买力平价理论[③]，这一理论假设只有记账单位发生变化，而生产条件、运输成本、关税和资本流动均不发生变化。在汇率发生明显且快速的变化时，这或许是一个很有用的假设。也就是说，在这个时期，除了这些实际层面的变动以外，记账单位价值的变动也对汇率的决定起着作用。然而在汇率变动较缓慢的时期，货币层面的变动并不占主导地位。

---

① 俄罗斯的汇率在此期间的部分年份是有一定程度偏离平价的。这些年份的价格可以通过使用黄金货币的数量来体现。

② 这意味着所有商品的相对价格都不变。

③ 可以参看《1914 年以后的货币与外汇》，斯德哥尔摩，1922 年。

即使汇率基本保持不变，价格走势也会有明显的不同，正如已有的图表所揭示的那样。

第三部分

地域贸易理论

第十六章　地域贸易与区际贸易的关系

到目前为止，我们已经给出了一个关于区际贸易的理论。“地区（region）”一词被用于指代在该区域之间的生产要素流动性要低于该区域内部的流动性的区位（area）。因此，与要素非流动性相关的现象对区域之间商品贸易的重要性要高于地区内部的商品贸易。在这种条件下，为使理论更加明晰，合适的做法是忽略某一特定地区内的个别地域间相对较小的价格差异，而集中关注更加重要的地区之间的差异。举例来说，当研究瑞典与其他国家之间的贸易时，我们不对瑞典国内各区域间的商品贸易感兴趣。但是，忽略一国国内的地区价格差异的确是一种简化措施。鉴于地区之间的要素流动性是非完全的，这个问题与区际贸易相类似。我们可以把每个地区划分为更小的片区（district）来研究它们之间的贸易。即便劳动力与资本在这些片区中是完全流动的，自然资源仍旧是不可流动的。于是不同片区就会拥有不同的生产要素禀赋，因而不同片区之间的商品贸易也会出现与区际贸易相同的问题。很显然，生产要素越是具有流动性，生产的地理分布以及商品贸易的地域特征就越不重要。

然而，或许有种情形值得进一步的讨论，那就是劳动力与资本

完全流动的情形。在该情形中，主要是由于商品价格的差异——而这种商品价格差异大多数是因物流成本导致的，不仅不同位置的自然资源具有不同价格，甚至劳动力在某一地区获得的名义收入也会高于其他地区。劳动力的地理分布取决于真实而不是名义工资率。[①]因而，要素报酬以及商品价格的不同既与自然禀赋的不可流动性有关也与商品运输成本有关。

设想这样一种情形，某个小农地区没有铁路也没有河道，其绝大多数农产品是供给另一个工业小镇。由于高昂的运输成本，前者产出的所有商品都十分便宜。但由于地租以及货币工资率较低，商品依旧是有利润的。与此同时，从其他地方进口的工业产品却由于运输成本较高而价格相对较贵。然而，对农户而言，工业产品的重要性总体上没有粮食作物高。因此，生活成本较低且真实工资率与较低货币工资水平相一致。因此，农村地区的服务也就会比那些货币工资水平较高的城镇地区更便宜。鉴于农村地区居民依赖工资收入，零售交易的成本也将会较低，而后者又将会令商品价格保持在一个较低水平。因此，商品和服务的低价是与较低的名义工资率相辅相成的。

当然不是所有通信和交通不便利的地方，又或者更具体地说是从市场到货源地的运输成本高的地方，都具有较低的生活成本。例如，如果不具有流动性的矿山不适合生产粮食但却有丰富的矿石资源，那么物价水平会比其他地方高。因此，那些运输困难的食

① 如果所有地区都被认为具有相同的气候条件、娱乐设施以及其他方面，那么任何地区的名义工资都将会与生活成本成比例，只要我们坚持劳动力和资本具有完全流动性的假设。

品也将更昂贵,其导致的较高货币工资率将使所有劳务都变得昂贵了。同时,矿石会比其他地方更便宜,但这不会对生活水平有多大影响。此外,如果天气很糟糕,就像瑞典北部的矿石区一样,对食物以及衣服的要求也就必然高于该国其他地方。当地的生活成本以及货币工资将高于该国其他地方,因此该地区所生产的商品与服务的价格也就更昂贵。

至于不同地区价格差异的重要性[①]可以通过 1909 年对主要粮食价格、住房价格和税收的调查来说明。[②] 尽管这个调查相对之后的类似调查略不完整,但其真实性也足以作为例证。在所调查的 1000 个城镇和乡村中,生活物价最高和最低的四个城镇如下:

Kiruna	1418	Forshem	752
Stockholm	1403	Vireda	784
Malmberget	1394	Fågelsta	813
Gällivara	1347	Nybro	828

尤其值得一提的是,尽管瑞典北部的城镇和村庄一般都比其他地方的物价高,但也有一些例外情形。将一国分割成不同自然区的做法有利于揭示在同一自然区内不同地区的显著差异,它表明了生产要素以及商品的有限流动性即使是对相邻城镇和乡村也存在影响[③],同时它也表明这些相邻地区之间的贸易现象与更广

① 正如表格所示,瑞典不同地区的价格差异当然不仅取决于上述所讨论的因素,还一定程度上取决于劳动力和资本的有限流动性。

② 出自劳动统计局商业委员会的报告,1910 年第一期,第 22 页。

③ 例如,Bastad 的指数值为 878,但是其相邻的 Halmstad 的值为 1094。与 Skanor 的 925 和 Falsterbo 的 919 相对的是,Tralleborg 的值为 1082。数值上的差异很大程度上是归因于税收差异。

阔地域之间的贸易现象相一致。

在1913年之后涌现出很多更加详尽的研究，这些研究也都得到与上述情况相类似的结果。在粮食、燃料和电力上价格最高和最低的乡镇如下(所有乡镇的平均值为100)[①]：

地点	1913	1923	地点	1913	1923
Stockholm	119	120	Växjö	89	91
Kiruna	118	121	Motala	93	96
Luleå	103	107	Västervik	93	90

1913年之后的物价上涨幅度，不同地区是极度不均匀的。然而，与1905—1912年的情形有所不同的是，这一时期并没有清晰地显示出价格均等化的趋势。如果将各个城镇和乡村在1914年7月的总支出定义为100，我们可以得出1923年的指数值如下：

Göteborg	178	Kalmar	155
Umeå	176	Västervik	156
Borås	174	Visby	157
Kiruna	170	Västerås	157

显然，即使是一个地方到另一个地方的生产要素流动性也如此有限，以至于一个区域内的要素区位分布成为价格决定的重要因素。如前所述，区际贸易理论是建立在简化的基础上的，它忽略了区域内部的要素和商品的有限流动性。从严格意义上来说，每个地方都是一个独立的区域。如果我们乐意的话，我们还可以进一步缩小地区的规模并就要素地区间分布和大量市场的存在性问

① 出自《社会报告》，1924年第一期，第62—63页。该数值是对那些在1914年的支出达到2000克朗的代表性家庭而言的。一国不同地区的预算构成存在差异。

题进行充分的考虑。或者我们完全可以绕过地区直接把注意力放在生产要素的区域内非流动性——从本质上来说这与上述分析是一样的。我们便可把地区间(interlocal)贸易理论看作是区际(interregional)贸易理论的延伸,同时也是对基于单一市场所得到的价格决定一般理论的修正。不同于区际贸易理论的情形下只有单一或少数的市场,在地区间贸易的情形下,将会存在大量的市场。除了各种生产要素的总供给之外,生产要素的地区分布对于价格决定也起着主要作用。同理,商品在两个地方或两个市场之间的有限流动性也同样变得重要了。

第四部分

对古典贸易理论的批判

第十七章　对古典贸易理论的批判

古典国际贸易理论是基于古典价值理论。因此，为了对其进行评价，不仅需要对国际贸易理论本身，也需要对古典价值理论的基础进行评估，因为对后者的任一方面的批评都会以相同的方式影响对前者的评价。因此，我们应该首先评价古典价值理论，然后再考察国际贸易理论。

对古典价值理论的一般性批评

古典价值理论的基本原理是商品的价值取决于制造成本。由于部分生产要素的价格并未事先给出，所以生产成本无法用金钱来度量。最重要的决定因素是生产各类商品所需生产要素的数量。然而，除非它们具有相同的特征，即生产成本可以通过某种相同单位来度量，否则无法比较某种商品生产所需生产要素与其他商品生产所需生产要素的数量。要使得生产成本理论得以存在的必要条件是将生产要素减少到只有一种。

众所周知，李嘉图善于这样做[①]。通过在不存在地租的增量

① 李嘉图，《政治经济学及其赋税原理》，伦敦，1821 年，第三版，第一章。

过程中考察价格形成，他排除了土地要素。同时，通过假定一次性地确定工薪水平——也就是对不同技能的相对报酬，他将不同质量的劳动力简化为同一种非熟练劳动力。就拿一个技工来说，其薪资是体力工人的两倍，那么前者一天的工作量被认为相当于后者两天的工作量。把生产单一商品所用时间加总，对固定工资水平而言，熟练劳动力享有更高的权重。显然，如果所有商品生产中所使用的劳动力与资本都具有相同的比例，则生产成本比率就等于劳动力投入比率。若劳动力与资本占比不同，那么不同劳动力投入数量便会产生一个不精确的结果，因为那些资本投入相对高的商品其生产成本也就会高于按照这一比例所得出的成本数值。李嘉图也很清楚这个道理。他最初假定劳动力与资本按照相同比例投入生产，并认识到如果上述假设不成立的话，整个理论都有必要改写。此后，他又回到了最初的假设并宣称等比例总是成立的。这一点看似奇怪。有人也许会问李嘉图为何不在上述假设的基础上延伸其理论呢？至少部分可能的解释是，如果不同行业所使用的资本和劳动力比例有差异，那么只是对一般古典价值理论采取*修正*的做法是远远不够的。这一理论要求将生产要素的个数减至唯一的一种，即非熟练劳动力，并且以其数量来衡量产品的生产成本[①]。如若要素种类多于一种，那么除非所有生产要素在所有商品中都具有相同的比例，否则无法确定成本。$10a+20b$ 是 $5a+10b$ 的两倍，不管 a 和 b 的价格是多少。但是，$10a+15b$ 的值是高于还是低于 $15a+10b$，这个问题就无解了。若劳动力与资

① 也就是生产成本与劳动力数量成比例。

本所使用的比例不同，古典价值理论的框架就坍塌了。

这两个要素在现实中的比例是怎样的？根据关税与贸易协定委员会的调查，不同产业的工资与资本价格的比例如下[①]：

采矿业	26：1
书籍装订、壁纸制作行业	12：1
造船业	8：1
纸浆造纸工业	1.6：1
食品业[②]	1.2：1
制盐业	1.1：1

这组数据验证了之前的预期，即现实中各行业的劳动力和资本比率并不相等。

另一个有问题的假设是不同种类的劳动力可以被看作同一类。这里有关相同比例的假设要比针对资本和劳动力所作的假设在某种程度上更加合乎情理。这一不合理的假定源自工资水平总是固定不变的条件。这一条件使得劳动收入的变动被排除在价格决定机制之外。

当价格结构改变时，我们不仅要考虑商品定价还要考虑要素收益的变动。这意味着生产过程中要素比例的变动，即相对更昂贵的要素将会至少部分地被更便宜的要素所替代。要素相对价格的变动与要素相对比例的变动是彼此紧密联系的，同时，其对价格结构的影响与其对商品价格的影响同样重要。当且仅当我们将土

① 基于工厂和库存价值的6%得到的估算。数据源自《瑞典工业发展报告1891—1920》，国家公共调查局，斯德哥尔摩，1923年，第37期，表II。

② 包括饮料器皿、磨粉机、蒸馏设备以及糖、奶油以及巧克力的生产企业。

地归为一类要素，而将其他要素归为另一类时，古典价值理论才能就其影响展开分析。古典价值理论假设不同种类的劳动力的相对价格是固定不变的，而且还假设劳动力与资本在生产中所使用的比例也是固定不变的。因而也就无法分析这些生产要素相对价格的变化以及随之发生的生产过程中要素组合方式的变动。

假设对商品的需求发生了较大的变化。这既会影响生产要素的价格也会影响到要素在生产中的投入比例。古典价值理论就此问题的讨论是考察资本和劳动力作为一个整体相对于土地的调整，考察相对于其他所有要素作为一个整体的报酬而言地租是上升还是下降。在某些情况下，这一论述是以一种“生产要素单元(unit of productive factor)”[①]的概念来阐述的，这种“生产要素单元”包括了不同质量的劳动力和资本，而其之间的组合比例是采用整个国家范围的平均水平。在这样的框架内，自然无法考察不同类型的劳动力和资本的收益与这些要素在生产过程中的投入比例的变化之间的关系。古典国际贸易理论对收入分配变动的忽视显然是源自劳动价值理论中的这些假设。在评价这些假设是否恰当时，强调它们是对现实的一种简化是没有意义的。适当的简化通常是合适而且必要的。但此类简化必须具备一种性质，那就是当我们更加接近现实时，我们可以逐渐放弃这些假设。古典价值理论并不满足这一条件，因为当我们一旦放弃诸如固定工资率以及资本和劳动投入比例固定不变的假定，该理论就站不住脚了。

① 在对古典理论的现代运用过程中，这一做法是普遍的。参见查尔斯·弗朗西斯·巴斯塔布尔(Charles Francis Bastable)的《国际贸易理论》，第四版(伦敦，1903)，第二章。

由这种局部价格结构固定不变所引发的另一个后果是对报酬递增和递减的处理方式变得不对称了。由于其研究方法是将劳动力与资本作为一个整体考察其与另一要素——土地的相关比例，我们会发现，从某一个特定时刻开始，每增加一单位用于某一特定区域范围土地上的资本和劳动力，就会产生报酬递减。如果我们同样考察劳动力和资本组合的变化，那么不可避免的结论则是生产要素组合的变化会导致那些相对扩张了的生产要素的报酬递减，而那些相对减少的生产要素的报酬递增。[①]这种方式会使人忽略除了在特定土地面积内使用更多的劳动力和资本之外生产要素组合发生变化的其他方式。人均资本数量的上升会导致每单位资本产出数量的减少以及每单位劳动力产出的增加。这与更加密集或者是更稀疏地使用土地所带来的现象是完全一致的！在这种条件下，作如下假设则是不合理的：只要土地相对其他要素的比例不变，那么就可以在商品价格保持不变的情况下只改变商品的供给数量[②]。对于资本密集型产业的商品需求增加会导致资本相对稀缺性的增加，并导致某种类型劳动的相对稀缺性的下降。相对于那些在生产过程中需要较多劳动投入以及较少资本投入的商品价格而言，上述资本密集型商品价格将会上升。古典价值理论通过简单的假设而将上述价格变化直接排除了。古典价值理论仅仅考察土地与其他生产要素的组合变化，以及土地价格相对于其他生

① 在超出一定数量值之后。

② 除了技术变化以及规模优势以外，在约翰·斯图亚特·穆勒(John Stuart Mill)对国际交换的开创性研究(《政治经济学原理》第三篇，第十八章)中，他通篇都假设成本固定不变。

产要素价格的变动。土地供给数量固定不变而资本和劳动力的供给却可变这一事实并不能给针对土地要素采取的这种特殊处理方式提供支持。即便是在古典价值理论本身的论述中也考虑到了技术上的变化[①]。技术变化又常涉及劳动力与资本在生产过程中的相对重要性的变化,而这在古典价值理论框架内无法得到分析。

到此为止,我们阐述完了古典价值理论的局限性。

但是,需要提醒注意的是,古典价值理论不仅仅是劳动价值理论。其背后隐含的是所谓的供给与需求定律[②]。当每种商品的供给等于需求就意味着均衡。古典理论的推理过程意味着每种商品生产过程中所使用的劳动力供给是充足的,以致对某一商品的需求必然会在某一价格水平上恰好得到满足。除此之外,在少数产业中所使用的劳动力总量必须等于劳动力总供给量。这里我们很清晰地看到一个类似于稀缺性或者是均衡准则的思想萌芽。总之我们可以说古典价值理论包含如下组成部分:(1)地租理论,这同样也可以被涵盖在(2)劳动价值理论中。此外还有,(3)资本利息理论,它是在劳动价值理论之外的。通过假定劳动力与资本的固定投入比例,在劳动价值理论的框架内,不可能找到决定劳动力与资本报酬之间关系的基础。除此之外则是部分起到桥梁作用的,(4)均衡原则,如供给与需求定理所描绘的那样。

① 约翰·斯图亚特·穆勒,《政治经济学原理》,第三篇,第十八章。

② 穆勒将其称为“退回到一个古老的定律,即供给与需求的原理”(第十八章,第一部分)。

对古典国际贸易理论的批评

当把古典价值理论扩展到包含多个相互贸易的国家时，有必要再一次回归到均衡原则上。我们无法认同这样一种观点，认为不同国家生产的商品的价格与生产商品时以非熟练劳动力度量的生产成本成比例。这些成本以每一个国家的劳动力成本来表示，而不同国家的工资之间并不存在某种先验的关系。假设某种商品在英格兰生产需要 10 天，另一种商品在葡萄牙生产要 15 天，两种商品的生产成本可以表示为 $10a_1$ 和 $15a_2$。很显然，相对价格建立在 a_1 和 a_2 的关系上，而就二者的关系我们并没有任何已知信息。这与之前遇到的难题是一样的，那就是在一国内部生产要素远不止一个。为了进行比较，成本必须用一种公因子(common denominator)来表示。当考察多国家情形且国家之间的资本与劳动力不能自由流动时，不可能将成本的诸多构成归为一类。因此，要素的种类将至少与国家的个数一样多①。

这被广大古典经济学家所熟知，尤其是穆勒。他发现进口商品的价值无法通过其所需劳动力数量来决定，因为国外和国内劳动力无法等同。相反，进口商品的价值须由用于支付进口商品的出口商品数量来决定，也就是通过用于生产出口商品的劳动数量来决定。古典国际贸易理论的核心问题因而变成了出口商品和进口商品之间贸易条件的决定问题。通过其对相互需求的论述，穆

① 在价格决定过程中，不是以单一相同商品的成本来表示。

勒解决了这一问题[1]。贸易条件一定是这样一种情况，那就是每一个国家对国外商品的需求等于外国对该国出口商品的需求。在这里，穆勒回到了供给与需求定理——均衡原则。相互需求理论的意义似乎就在于，被分配用于生产出口商品的劳动力需要满足这样一种条件，那就是在给定的贸易条件下，对进口商品的需求恰好与通过对外贸易获得的国外供给数量相一致。

古典理论的瑕疵就在于劳动价值理论是其要素之一。因而，针对劳动价值理论的批评也都适用于古典国际贸易理论。通过借用均衡原则，针对单一国家的理论得以扩展至多个国家，但在我们看来，这也意味着需要建立在劳动价值论基础上。正是由于该理论差强人意的假设，价格决定的许多重要方面都被看作固定不变，正如上文所述，因而对于国际贸易的研究变得只能局限于对贸易条件的研究。

价格理论已经向着放弃劳动价值论而基于一般均衡理论的方向发展。但是，国际贸易理论却仍然部分地基于古典价值理论，这是一个异常的现象。国际贸易理论应该*严格*基于均衡原则以构成对现代价格理论的一种延伸，而不应该以劳动价值论为构成成分，只有这样我们才能达到一个和谐的整体。

这篇论文试图对一般价格理论做如上所述的一种拓展。因

---

① 约翰·斯图亚特·穆勒，《政治经济学原理》，第三篇，第十八章，第四部分。“我们现已阐明的定律可以恰当地被命名为国际需求等式。这一等式可以精确地表述如下：一国生产的商品将在这样一种价格水平下与另一国生产的商品相交换，即在该价格水平下其全部的出口恰好足以支付其全部的进口。这一国际间的价值规律还是我们称之为供求相等的更为一般性的价值规律的一种扩展。”

此，与古典贸易理论相比，其不同之处主要在于古典贸易理论是古典价格理论的一个延伸[①]。然而，就拓展部分的本质而言是相同的。通过运用均衡原理解决了有限流动性的问题。当我们这么做的时候，要素的实际流动性应该被考虑在内。在这方面，古典理论是无法令人满意的，或者说至少是不完整的，因为它假设生产要素在国际间完全不流动而在一国国内具有完全流动性。与这些假设相反，真正需要做的是探讨*部分*流动性的重要性，不论是在国家之间还是在一国内部。这样一来，国际贸易理论将会被一般化为地区之间的贸易理论，即由于不完全流动性导致的对于价格决定而言非常重要的交易的空间维度。

① 另一个差别在于，由于其针对流动性所作的特殊假设，古典理论主要是一种均衡分析（本论文的第一部分）。在本文的第二部分对均衡*过程*进行了描述，虽然基于各种原因有时只有一两个阶段得到描述。

附　　录

表 1　阿根廷的数据，1886—1908[a]

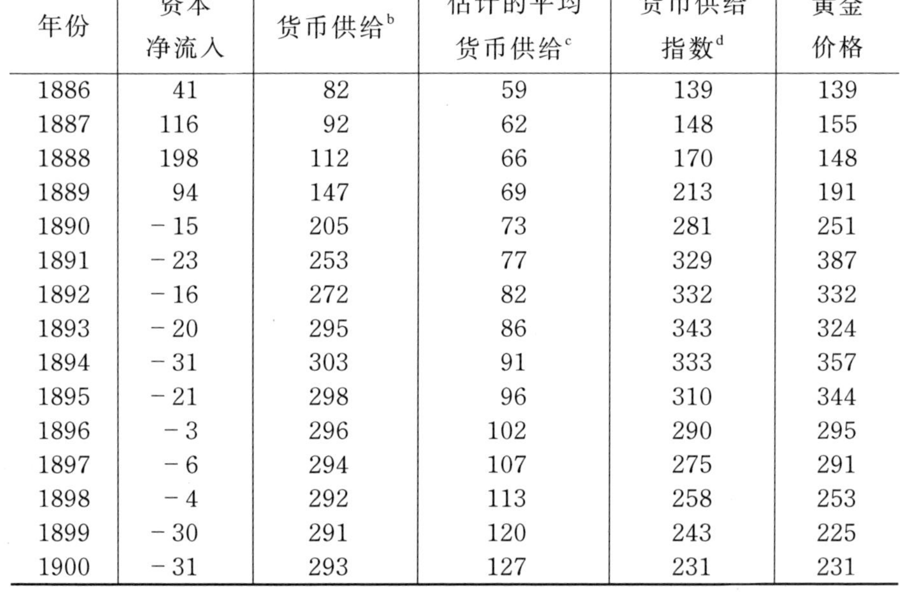

年份	资本净流入	货币供给[b]	估计的平均货币供给[c]	货币供给指数[d]	黄金价格
1886	41	82	59	139	139
1887	116	92	62	148	155
1888	198	112	66	170	148
1889	94	147	69	213	191
1890	－15	205	73	281	251
1891	－23	253	77	329	387
1892	－16	272	82	332	332
1893	－20	295	86	343	324
1894	－31	303	91	333	357
1895	－21	298	96	310	344
1896	－3	296	102	290	295
1897	－6	294	107	275	291
1898	－4	292	113	258	253
1899	－30	291	120	243	225
1900	－31	293	127	231	231

a. 关于资本输入、货币供给以及黄金价格的数据源自威廉姆斯所著的《阿根廷的国际贸易》(剑桥，1920)，第 60、104、133、136、145、152、154 页。

b. 年初与年末货币供给量的平均值。

c. 1886 年的平均货币供给数量为 8200 万比索，而以纸币价值度量的黄金平均价格为 139 比索，那么将二者进行折算，可以估算得到：当货币供给量为 5900 万比索时，货币比索将实现平价。为了估算后续年份的平价货币供给数量，此处假设经济发展引致每年货币供给数量增加 5.6%。鉴于人口增长约为每年 3%，上述假设看起来是合理的。增长率的设定保证流通指数与黄金价格之间的关系维持不变。

d. 货币供给指数表示的是实际货币供给与估算的平价货币供给之间的比率。

表 2　1890—1910 年美国、英国、法国和德国的价格(基期是 1890—1892 年)[a]

年份	美国	英国	美国	法国	美国	德国
1890	102	101	102	103	102	103
1891	103	102	102	101	104	102
1892	94	97	96	96	94	94
1893	94	95	93	97	93	91
1894	86	87	84	90	82	83
1895	84	87	83	87	82	83
1896	75	85	78	85	77	83
1897	77	86	79	87	79	84
1898	84	90	84	91	85	91
1899	92	97	94	99	95	97
1900	99	109	99	106	100	102
1901	99	100	98	99	98	98
1902	106	98	101	97	104	97
1903	101	98	101	100	104	97
1904	100	99	102	99	104	96
1905	102	103	105	102	108	103
1906	108	110	109	112	111	112
1907	114	115	116	118	120	117
1908	109	105	109	106	113	110
1909	115	106	115	109	117	109
1910	120	112	122	119	119	112

a. 数据来源:米歇尔(Mitchell),《国际物价比较》,商务部(华盛顿,1919),第 13 页。

表 3　1881—1912 年瑞典、德国和英国的物价 (基期为 1861—1870 年)[a]

年份	瑞典	德国	英国
1881—1887	82	82	77
1888—1892	81	85	71
1893—1905	79	79	67
1906—1912	92	98	78

a. 数据来源:Åmark K.,《1860—1913 年瑞典的价格指数》,商业信息,1921 年,第 1266 页。

表 4　1860—1913 年瑞典和部分其他国家的价格（基期为 1867—1877 年）[a]

年份	瑞典[a]	德国[a]	英国[a]	奥匈帝国[b]	澳大利亚[c]	新西兰[d]
1860	99	95	99	—	—	—
1861	97	94	98	—	—	116
1862	103	97	101	—	—	117
1863	103	98	103	—	—	122
1864	108	100	105	—	—	123
1865	103	94	101	—	—	119
1866	97	96	102	—	—	126
1867	97	97	100	99	—	118
1868	95	96	99	99	—	116
1869	93	96	98	96	—	103
1870	92	94	96	97	—	97
1871	95	99	100	103	92	94
1872	106	109	109	112	100	97
1873	114	114	111	110	108	103
1874	107	105	102	105	104	101
1875	102	98	96	96	100	93
1876	97	96	95	92	101	88
1877	99	96	94	95	98	91
1878	88	89	87	88	91	85
1879	87	81	83	86	90	80
1880	92	90	88	89	88	82
1881	89	88	85	87	84	79
1882	88	85	84	85	96	77
1883	86	83	82	84	88	74
1884	82	80	76	82	84	72
1885	79	75	72	76	82	70
1886	75	71	69	72	81	68
1887	72	73	68	72	79	65
1888	80	77	70	73	80	65
1889	80	81	72	76	87	70

续表

年份	瑞典[a]	德国[a]	英国[a]	奥匈帝国[b]	澳大利亚[c]	新西兰[d]
1890	82	86	72	79	79	67
1891	82	84	72	79	71	68
1892	77	77	68	73	69	65
1893	75	74	68	72	63	63
1894	71	67	63	64	56	62
1895	70	67	62	70	57	58
1896	71	67	61	70	69	60
1897	73	69	62	71	69	61
1898	69	73	64	75	67	61
1899	81	79	68	76	60	63
1900	85	85	75	82	67	64
1901	82	80	70	80	73	62
1902	81	80	69	78	78	63
1903	81	81	69	80	78	63
1904	82	80	70	82	66	60
1905	83	83	72	85	68	62
1906	88	90	77	91	71	64
1907	92	96	80	95	76	67
1908	88	91	73	91	83	65
1909	89	90	74	94	74	64
1910	92	91	78	—	75	65
1911	94	95	80	—	75	—
1912	98	105	85	—	87	—
1913	100	—	85	—	—	—

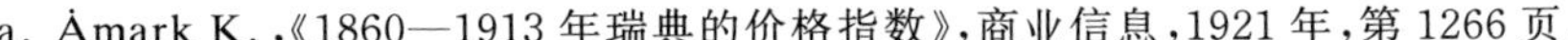

a. Àmark K.,《1860—1913 年瑞典的价格指数》,商业信息,1921 年,第 1266 页。

b.《国际统计公报》第 19 卷,第 III 部分,第 156 页。1867—1890 年间的数值是通过将纸币克朗价格乘以克朗的黄金价值而重新估算得到的以金价度量的价格。

c."美国及其他国家的批发价格",出自《美国劳工统计局公报》,1915 年,第 173 期,第 165 页和 300 页。

d. 基期为 1871—1877 年。

表 5　1890—1910 年部分国家的价格(基年为 1890 年)

年份	丹麦[a]	日本[b]	俄罗斯[c]	印度[d]
1890	100	100	100	—
1891	103	91	99	—
1892	93	105	97	—
1893	93	114	100	—
1894	87	107	92	—
1895	85	117	88	—
1896	86	112	87	—
1897	88	122	90	—
1898	92	128	97	100
1899	96	157	101	96
1900	101	147	107	114
1901	98	131	110	111
1902	100	142	105	102
1903	96	153	102	98
1904	99	147	106	96
1905	101	162	110	107
1906	105	168	119	125
1907	108	183	126	133
1908	103	149	120	143
1909	106	144	122	—
1910	111	—	123	—

a.《国际统计公报》第 19 卷,第 III 部分,第 219 页。

b. 同上,第 242 页。

c. “美国及其他国家的批发价格”,《美国劳工统计局公报》,1915 年,第 173 期,第 309 页。在 1890—1895 年期间,卢布纸币的价格与铸币平价略有偏差。因此,上述年份的指数值经过重新计算以体现用黄金卢布表示的价格水平。

d. 同上,第 282 页。基年是 1889 年,因为卢比的价格在此前一年大幅下降。然而,对比 1890—1898 年间卢比的黄金价值与价格水平,似乎可以发现,上述年份以黄金价值衡量的价格水平几乎是没有变化的。

图书在版编目(CIP)数据

赫克歇尔-俄林贸易理论/(瑞典)伊・菲・赫克歇尔,(瑞典)戈特哈德・贝蒂・俄林著;陈颂译. —北京:商务印书馆,2024
(汉译世界学术名著丛书:120年纪念版:珍藏本:增订本)
ISBN 978-7-100-23834-2

Ⅰ.①赫… Ⅱ.①伊…②戈…③陈… Ⅲ.①贸易理论—研究 Ⅳ.①F710

中国国家版本馆CIP数据核字(2024)第080190号

汉译世界学术名著丛书
(120年纪念版・珍藏本・增订本)
赫克歇尔-俄林贸易理论
〔瑞典〕伊・菲・赫克歇尔
戈特哈德・贝蒂・俄林 著
陈颂 译

商务印书馆出版
(北京王府井大街36号 邮政编码100710)
商务印书馆发行
北京新华印刷有限公司印刷
ISBN 978-7-100-23834-2

2024年5月第1版 开本710×1000 1/16
2024年5月北京第1次印刷 印张17¾
定价:98.00元